全国优秀教材二等奖

"十三五"职业教育国家规划教材

城市轨道交通客运服务与礼仪

主　编　吴　静　刘菊美
副主编　杨　恒　陈春华
参　编　刁　涛　李　丹　刘晓峰　肖霁川
韦琳珊　陈　曦　刘开元　丛　丛
主　审　陈雄文

中国电力出版社
CHINA ELECTRIC POWER PRESS

内 容 提 要

本书被评为首届全国优秀教材二等奖，并入选“十三五”职业教育国家规划教材。全书分为四个项目，主要内容包括城市轨道交通客运服务人员职业形象塑造、车站服务礼仪规范运用、投诉处理技巧运用、公务礼仪规范运用。本书采用任务驱动模式，以案例引入任务，围绕任务选择岗位必备的知识点、技能点进行编写。每个任务均有实训和知识拓展，每个项目都有思维导图及思考与练习。此外，本书的最大亮点是配有丰富的数字资源，包括微课、课件、在线作业、在线测试等供使用。

本书可作为高职高专院校轨道交通类教材，也可作为中职院校的轨道交通类教材，还可供城市轨道交通企业订单学员、委培学员、新入职员工培训，以及服务业客服人员等参考。

图书在版编目（CIP）数据

城市轨道交通客运服务与礼仪 / 吴静，刘菊美主编. —北京：中国电力出版社，2017.6（2024.5重印）
“十三五”职业教育规划教材
ISBN 978-7-5198-0738-2

Ⅰ. ①城… Ⅱ. ①吴…②刘… Ⅲ. ①城市铁路–客运服务–乘务人员–礼仪–高等职业考试–教材 Ⅳ. ①F530.9

中国版本图书馆 CIP 数据核字（2017）第 083190 号

出版发行：中国电力出版社
地　　址：北京市东城区北京站西街 19 号（邮政编码 100005）
网　　址：http://www.cepp.sgcc.com.cn
责任编辑：霍文婵（010-63412545）
责任校对：闫秀英
装帧设计：王英磊　赵姗姗
责任印制：钱兴根

印　　刷：北京九天鸿程印刷有限责任公司
版　　次：2017 年 6 月第一版
印　　次：2024 年 5 月北京第十七次印刷
开　　本：787 毫米×1092 毫米　16 开本
印　　张：8.75
字　　数：205 千字
定　　价：58.00 元

前　言

中华素以礼仪之邦著称于世，儒家文化的主干为礼乐文化。“礼”反映了一个国家，一个民族的文明程度。《礼记》中记载：大家学道，修身为本。从古至今，可以说礼仪与道德互为表里。《论语》强调，“文质彬彬，然后君子”，可见内外兼修，表里统一是对君子的基本要求。高职院校培养的是“高技能、高素养”专业技术人才，因此学校有责任和义务向未来的城市轨道交通客运服务人员普及专业的礼仪知识，帮助学生尽早养成“知礼、懂礼、行礼”的生活以及工作习惯，提升个人的综合素养。

城市轨道交通是大运量的公共交通系统，随着城市轨道交通的飞速发展，以及国际化交流的日益频繁，乘客对客运服务人员的形象、修养、知识、技能、素养等方面不断追求更高的标准，要求客运服务人员做到细微化服务、个性化服务，努力成为卓越的服务人员。因此，普及推广客运服务礼仪，有助于提升客运服务人员的个人修养，进一步提高城市轨道交通服务水平与服务质量，打造服务品牌，更好地满足乘客的需求。

本书采用任务驱动模式，以案例引入任务，围绕任务选择岗位必备的知识、技能点进行编写。还根据实际需要增加“知识拓展”，如项目三选编的拓展知识“城市轨道交通客运服务常用手语”是为重点照顾的乘客而增设的，目的是通过贴心的服务，将乘客的不便转成方便，确保乘客享受全方位优质的服务。本书特点归纳如下：

一、直观性

本书拍摄并选取大量真实的场景图片，文字严谨且通俗，图文并茂，直观生动，提高教材的通俗性与趣味性。在案例的选择上，强调代表性、时效性、真实性，提升学生分析问题、解决问题的能力。

二、针对性

教材贯穿“以职业为导向，以能力为核心”的指导思想，突出职业特色。结合城市轨道交通客运服务岗位活动领域，把“岗位职责”与“工作本质”进行对比，学生既可以掌握客运服务人员必备的岗位知识与技能，提供乘客满意的服务；还能提升客运服务人员的个人修养，还原服务工作的本质，为乘客提供卓越的服务。

三、丰富性

教材结合岗位“应知应会”，选取城市轨道交通客运服务岗位“必须”的知识点、技能点。根据实际需要，增加“知识拓展”，丰富学习内容，满足不同层次学生的学习要求。教材还借鉴国内外形象设计行业、轨道交通行业，以及众多服务行业的前沿信息、知识，以开阔学生的眼界。

四、实践性

每个任务都设置“实训项目”和“思考与练习”，方便学生进行实践及自测，巩固和掌握相关知识、技能。全书还运用“思维导图”进行项目的归纳总结，帮助学生进行预、复习，同时也教给学生一个高效学习的工具。

五、开放性

本书有丰富的数字资源，书中的部分任务设有微课（任务名后有图标），可以通过教材中的链接进行该任务的微课学习，也可以通过扫描二维码在手机端学习。微课中不仅有教学视频，还有课件、作业、在线测试，方便学生们课前预习和课后复习。

本书由现任广州地铁集团有限公司运营事业总部运营三中心陈雄文副总经理担任主审，审读了全书，并提出了宝贵意见。广州铁路职业技术学院运输教研室主任、国际注册高级礼仪培训师吴静，广州地铁集团有限公司运营事业总部运营一中心刘菊美总经理担任主编。编写组成员包含广州地铁运营事业总部培训中心经理、人力资源部总经理、各运营中心服务部经理、学校长期担任服务礼仪课程教学及培训的老师。编写组全体成员有丰富的城市轨道交通客运服务与管理的实战经验，本书工作任务的选取以“专业岗位所需理论、实作技能并举”为原则，同时，又从用人单位的角度选编内容，让本书更实用。具体分工如下：

吴静负责编写导论，项目一的子项目一，项目三，项目四的任务一、任务二的编写；广州地铁运营一中心刘菊美总经理负责项目一的子项目二、项目四的任务三的编写；广州铁路职业技术学院陈曦、深圳信息职业技术学院刘开元高级工程师、广州交通职业技术学院丛丛负责项目一子项目三的编写；广州地铁培训中心刁涛经理、李丹副经理负责项目二的任务一、任务四的编写；广州地铁运营一中心服务部杨恒副经理、陈春华副经理、运营二中心服务部肖霁川副经理、运营四中心服务部韦琳珊副经理负责项目二的任务二、任务三的编写；广州地铁人力资源部刘晓峰总经理负责项目二的任务五、任务六的编写。全书由吴静和刘菊美统稿。

全书的示范照片由广州铁路职业技术学院钟婷婷、王彦娴、杨楠、蔡周陶、黄俊、王志伟、周美宏同学，广州铁路（集团）公司李元、曲伟超、杨航、谭力峰、杨宏麟担任模特拍摄。对他们的辛勤付出及所在单位的支持在此一并感谢！

本书在编写过程中参阅大量的国内外专家的相关著作和文献，在此向他们表示衷心的感谢！

限于编者水平，难免有不足之处，欢迎专家与读者批评指正，以便今后修订完善。

本书增值服务内容如下：

登录“智慧职教”，搜索“城市轨道交通客运服务与礼仪”，即可看到本书在线公开课全部内容。

编　者

2017年3月

目　录

导　论

课前阅读

《左传》有这样一个故事。晋国的下军佐臼季出使，经过冀邑时，看到一位叫冀缺的人在田间耕耨，妻子正给他送食，荒郊野田之中，两人相待如宾。臼季非常感动，把冀缺带到宫里，希望晋文公不能因为他是罪臣之子就摒弃他，应该充分利用他的德才为晋国服务。文公问理由，臼季答曰："敬，德之聚也。能敬必有德。德以治民，君请用之！"意思是说，敬是诸种美德的萃聚。能恭敬待人者，必是有德之人。治民，要有德性，所以请您任用他！由于臼季的极力推荐，晋文公决定不计前嫌启用冀缺，使其继其父之位。冀缺果然是国之良才，很快就成为晋国朝堂不可或缺的重臣。公元前 601 年赵盾病逝，冀缺成为正卿，成功地保护了晋国霸业。

学习目标

1. 了解"礼"在中国的起源、内涵、特征；
2. 了解礼的分类以及学习礼仪的现代意义；
3. 了解城市轨道交通客运服务人员学习服务礼仪的重要意义。

一、中国古代礼仪的起源与发展

在中国，礼起源于祭祀活动，表达的是人们对天、地、祖宗的敬畏之心。因为人们认为一切事物都有看不见的鬼神在操纵，履行礼仪即是向鬼神讨好求福。因此，礼仪源于鬼神信仰，也是鬼神信仰的一种特殊体现形式。古时祭祀活动不是随意地进行的，它是严格地按照一定的程序，一定的方式进行的。

根据《周礼》记载，把礼分为五类，即"五礼"：吉礼、凶礼、宾礼、嘉礼、军礼。这五礼作为我国古代礼仪制度的主要内容历代相袭，许多内容延续至今。

（1）吉礼：祭祀以祈求吉祥的礼仪。如祭祀天神、地祇和宗庙（祖先）的祭祀。封禅是历代最大的吉礼。

（2）凶礼：伤亡灾变之礼。如水旱、饥馑、兵败、寇乱等礼，丧礼最为重要。

（3）宾礼：主宾相见场合的礼仪。如朝拜，会见，会盟，中国与其他国家之间关系的仪典。

（4）嘉礼："喜庆"之礼。如登基、册封、婚冠、宴乐、颁诏等。

（5）军礼：军武之礼。如亲征、遣将、受降、凯旋、大射等。

“三礼”(《仪礼》、《礼记》、《周礼》)的出现标志礼仪发展的成熟阶段。宋代时，礼仪与封建伦理道德说教相融合，即礼仪与礼教相杂，成为实施礼教的得力工具之一。行礼为劝德服务，繁文缛节极尽其能。直到现代，礼仪才得到真正的改革。无论是国家政治生活的礼仪还是人民生活，礼仪都变成无鬼神论的新内容，从而成为现代文明礼仪。

二、现代礼仪的特征与分类

在现代，礼仪是在人际交往中，以一定的、约定俗成的程序方式来表现的律己敬人的过程，一般指礼貌、礼节，礼仪。

礼貌是指在人际交往中通过言语、动作向交往对象所表示的谦虚和恭敬。侧重于表现人的品质与素养。礼节通常是人们在交际场合相互表示尊重、友好的惯用形式。它是礼貌的具体表现方式。礼仪，则是对礼节、仪式的统称，是人际交往中，自始至终地以一定的，约定俗成的程序、方式来表现的律己、敬人的完整行为。因此，礼貌是礼仪的基础，礼节是礼仪的基本组成部分，礼仪不仅仅是一种做法，更是一个表示礼貌的系统而完整的过程。

礼仪具有规范性、限定性、可操作性、传承性以及时效性五个特征。按照礼仪的适用对象以及应用范围的不同，一般分为政务礼仪、商务礼仪、服务礼仪、社交礼仪、国际礼仪，五大类。

政务礼仪：是国家公务员在行使国家权力和管理职能时所必须遵循的礼仪规范。

商务礼仪：商务礼仪是在商务活动中体现相互尊重的行为准则，是公司、企业的从业人员，以及其他一切从事经济活动的人士，在经济往来中所应当遵守的礼仪。

服务礼仪:服务礼仪是指服务行业从业人员在工作岗位上应具备的基本素质和应遵守的行为规范。

社交礼仪：又称交际礼仪，是指社会各界人士，在一般性的交际应酬之中所应当遵守的礼仪，是人们在人际交往过程中所具备的基本素质，交际能力等。

国际礼仪：又称涉外礼仪，是指在长期的国际往来中，逐步形成了外事礼仪规范，也就是人们参与国际交往所要遵守的惯例，是约定俗成的做法。它强调交往中的规范性、对象性、技巧性。

从古代礼仪发展到现代礼仪可以看到它与一定的社会风俗、习惯相联系，反映着社会文明风尚的程度，既具有一种稳定社会秩序、协调人际关系的功能，又是人们表达情感的惯用形式。在长期的历史发展中，我国形成了繁多的仪式和在日常生活中区别尊卑等级、协调人际关系的礼节规则，有了内容比较完备的礼仪体系。透视浩瀚的礼仪体系，无论是做人之道、从业之道、治国之道，还是日常行为的规范、人际关系的协调、社会秩序的稳定，都包含着最为关键的要素，即“和谐”。

三、学习礼仪的意义

社会的发展是建立在物质文明与精神文明基础上的。不能设想一个没有精神支柱的国家能够自强于世界民族之林，也不能设想一个没有礼仪修养的民族会得到世人的尊敬。从一定意义上讲，礼仪修养水平反映了一个国家、一个民族的文明程度，影响着它的发展进程。因此，注重礼仪具有十分重要的意义。

（一）礼仪是社会主义精神文明建设的要求

礼仪看起来是日常生活和工作中极为普通的细小的事情，但它却代表着一种深刻的道德力量，这种道德力量潜移默化地体现在全体公民身上，它将会成为一种伟大的民族精神，它能够弘扬正气，增强凝聚力，陶冶情操，净化心灵。注重礼仪对于巩固和发展社会主义生产和生活秩序，推动社会进步，无疑有着非常重要的意义。

（二）礼仪是社会生活中应有的行为规范

在社会生活中，每个人都希望得到别人的尊重，而要想得到别人的尊重，首先要从尊重别人做起。一个人在与人交往时能够真诚热情，谦恭随和，耐心周到，这是讲究礼仪的表现，这些行为能够反映出一个人的精神风貌、道德情操、气质修养，以及处理问题的能力。在社会生活中，人们必须按照社会公认的行为规范去交往和生活，如遵守公共秩序，尊老爱幼，遵时守信，注重仪容仪表等。这些规范约束着人们的行为，创造出安定和谐的生活工作环境，实现着人与人之间的有效交往。

（三）礼仪有利于建立良好的人际关系

礼仪是人际关系的“润滑剂”。横眉冷对，出言不逊，高傲冷漠，就可能造成气氛紧张，矛盾横生，生活会因此变得索然无味，工作中会困难重重。一句热情的问候，一个亲切的微笑，一声“对不起”、“请原谅”，能够减少摩擦，转怒为喜。在社会生活中，礼仪就如同春风与美酒，滋润着人们的心灵，沟通着人们的情感，化解了人与人之间的矛盾，使人们彼此尊重，相互理解，达成共识。

（四）礼仪是社交活动的需要

在社交活动中，得体大方的衣着，彬彬有礼的举止，良好的精神面貌，温文尔雅的谈吐，定会给人留下深刻美好的印象，从而取得信任，建立友谊，有效地进行社交活动。在社交活动中，礼仪不仅起着媒介的作用，而且起着“黏合”和“催化”的作用，对于表达感情，增进了解，树立形象是必不可少的。

（五）礼仪有助于增强国人的民族自尊心

中国的礼仪还需要与世界接轨，学习世界各国各民族的礼仪就显得十分必要。这不但要继承和发扬民族优秀文化传统，而且还要充分体现时代精神，吸收世界文化优秀成果，融会贯通，洋为中用，逐步形成一套与世界礼仪接轨的现代礼仪。这样才能使中华民族的优秀文化得以弘扬，使中国以泱泱大国之风自立于世界民族之林。

四、城市轨道交通客运服务礼仪的基本原则

城市轨道交通客运服务礼仪是礼仪在城市轨道交通客运服务行业之内的具体运用。一般而言，是客运服务人员在自己的工作岗位上所应当严格遵守的行为规范，是客运服务人员在岗位上向乘客提供服务时的标准的、正规的做法，是把对乘客的尊重用语言和行为表现出来的过程和方式。这是自尊与尊他的表现形式，是以建立和谐客我关系为目的的各种符合交往要求的行为准则和规范的总和。在学习和运用客运服务礼仪时，客运服务人员要掌握七条原则，它们同等重要，缺一不可。

（一）律己

礼仪规范由对待个人的要求和对待他人的做法两大部分构成。对待个人的要求，是礼仪

的基础和出发点。学习、应用客运服务礼仪，最重要的就是要自我要求、自我约束、自我控制、自我对照、自我反省、自我检点。

（二）敬人

在客运服务礼仪中，有关对待乘客的做法，比对待个人的要求更重要，这一部分实际上就是礼仪的重点和核心。而对待乘客的诸多做法中最要紧的一条，就是要敬人之心常存，处处不可失敬于人，不可伤害他人的尊严，更不能侮辱对方的人格。掌握了这一点，就等于掌握了客运服务礼仪的灵魂。

（三）宽容

要求客运服务人员在运用服务礼仪时，既要严于律己，更要宽以待人。要多容忍他人，多体谅他人，多理解他人，千万不要求全责备，斤斤计较，过分苛求，咄咄逼人。

（四）平等

尊重乘客、以礼相待这一点上，对任何乘客都必须一视同仁，给予同等程度的礼遇。不允许因为乘客彼此之间在年龄、性别、种族、文化、身份、财富，以及关系的亲疏远近等方面有所不同而厚此薄彼，给予不同待遇。但可以根据不同的乘客，采取不同的具体方法。

（五）真诚

在与乘客交往时务必诚实无欺，言行一致，表里如一。只有如此，自己在运用服务礼仪时所表现出来的对乘客的尊敬与友好，才会更好地被对方理解并接受。

（六）适度

这要求在应用客运服务礼仪时，为了保证取得成效，必须注意技巧及规范，特别要注意做到把握分寸，认真得体。

（七）从俗

由于国情、民族、文化背景的不同，必须坚持入乡随俗，与绝大多数人的习惯做法保持一致。不可以目中无人、自以为是。

五、学习城市轨道交通客运服务礼仪的意义

在城市轨道交通行业内普及、推广服务礼仪，具有多方面的重要意义。

（1）有助于提高客运服务人员的个人素质。

（2）有助于更好地对乘客表示尊重。

（3）有助于进一步提高服务水平与服务质量。

（4）有助于塑造并维护企业的整体形象，提高乘客的满意度。

（5）有助于使企业创造出更好的经济效益和社会效益。

城市轨道交通客运服务人员不仅要学习这些标准的、规范的表达形式，更为重要的是必须理解“以礼待客”的内涵所在。否则，在为乘客服务时不是失礼，就是做做“表面功夫”，长久不得。只有懂得“礼是根据道德理性的要求制定出来的制度与规范，是道德理性的体现”这一内涵，方能“辉动于内，发诸于外”，言谈举止“从心所欲，不逾矩”，有效地展现客运服务人员的修养、风度和魅力，构建和谐的客我关系。

思维导图

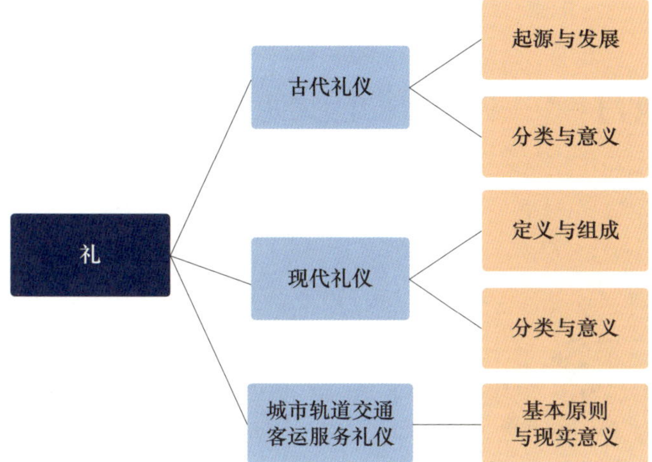

思考与练习

1.《礼记》开篇就说“毋不敬”，朱熹认为“毋不敬”是全篇的纲领。请谈谈古人为何要把“敬”特别提出来？

2. 古人将社会上所有的礼仪归结为（ ）、（ ）、（ ）、（ ）、（ ）五类，习称“五礼”。

3. 一青年问路，看到一位老大爷，张口就说：“老头，到李家庄还有多远？”老人随口说：“还有十五丈。”青年问：“路怎么是论丈而不是论里的呢？”老人意味深长地说：“以前是讲里的，自从你一来就不讲里啦。”根据以上材料，结合自身实际谈谈对“现代礼仪”的认识和看法。

4. 社会各界人士，在一般性的交际应酬之中所应当遵守的礼仪是指（ ）。

A. 商务礼仪　　B. 社交礼仪　　C. 政务礼仪　　D. 服务礼仪

5. 请结合实际，谈谈城市轨道交通客运服务礼仪的原则及其在工作中的重要性。

项目一　城市轨道交通客运服务人员职业形象塑造

课前阅读

某地铁车站，因下暴雨突现大客流，需要进行客流控制。站务员小王与同事们用铁栅栏分隔客流，并来回跑动疏导乘客。一番紧张的工作之后，小王已经汗流浃背。小王眼见距离运营结束只有 1 个小时了，也就懒得去更换衣服，借用同事的花露水在身上抹了抹，顿时感觉汗味全无，神清气爽。当发现一位乘客不会使用自动售票机购票时，小王主动上前引导。当小王刚刚来到乘客身边时，乘客就开始不停地打喷嚏。不知情况的小王关切地问乘客是不是淋雨感冒了，乘客却不好意思地回答："对不起，我有鼻炎，我是对您身上的香水过敏。"

学习目标

1. 掌握城市轨道交通客运服务人员仪容规范，能按规范进行面容、发型的修饰；会化工作妆；
2. 掌握城市轨道交通客运服务人员制服着装规范，能按规范穿着制服；
3. 掌握城市轨道交通客运服务人员配饰选配规范，能合理选配饰品；
4. 掌握城市轨道交通客运服务人员仪态规范，能以自然得体的仪态为乘客服务。

城市轨道交通客运服务人员要特别注意心理学上的首轮效应，也被称为首因效应。这是人们第一次认知客体时，在大脑当中留下的"第一印象"。客运服务人员应当把握好自身形象，当乘客对服务人员的形象产生良性"第一印象"后，会对后续的服务或交往过程产生积极的影响；反之，则会产生消极的影响。

仪容、仪表都是指人的外表而言，"仪容"重在人的容貌，"仪表"重在人的服饰。客运服务人员容貌整洁、着装规范，会令乘客心情愉悦，是客运服务人员尊重乘客的具体表现。

子项目一　仪容礼仪规范运用

客运服务人员无论长相如何，在服务工作中都应该保持仪容洁净自然，并进行得当的修饰，这是城市轨道交通客运服务人员是否具备职业素养的重要考核标准。具体来讲，主要有：发型修饰、面部修饰、肢体修饰及化妆修饰四个方面的要求。

任务一　发 型 修 饰

城市轨道交通客运服务人员在进行个人发部修饰时，不仅要恪守对于常人的一般规范，还必须严格遵守本行业、单位的特殊要求。

（一）洁净自然

作为客运服务人员，如果不注意头发的整洁，会让乘客觉得邋邋遢遢、萎靡不振，甚至缺乏爱岗敬业的精神。因此要做到：

（1）定期清洗。避免头屑、异物沾于头发上，避免异味，更不能让头发一缕缕黏在一块。

（2）认真梳理。将头发认真梳理，以免给乘客留下不注意细节，大大咧咧的印象。

（二）修饰得当

客运服务工作人员在选择发型及美化时，应该与自己的职业及工作性质相“匹配”。对于男性和女性，又有着各自不同的要求。

1. 男性发型具体要求

（1）长度要求：前不遮眉，侧不过耳，后不及领，如图 1-1 所示。不允许剃光头，不留大鬓角。

图 1-1　男性服务人员头发长度要求

（2）美化要求：不提倡男性服务人员染发，建议保持自然发色。如果头发偏黄，可以染成深色，增加对比度，以显精神。不做夸张、前卫的发型，如爆炸式、朋克式、飞机头、大包头等。可将头顶处的头发适度留长，用发泥、发蜡等造型产品做出简单造型，但不能影响戴制帽。客运工作人员一定要时刻牢记自己的身份与岗位要求，“个性化”色彩不能太强，如图 1-2 所示。

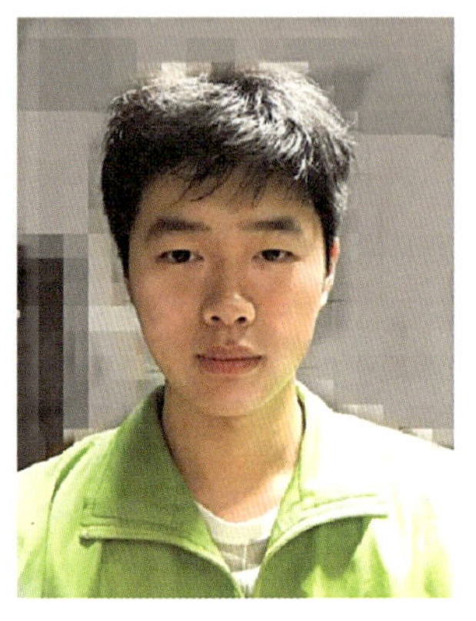
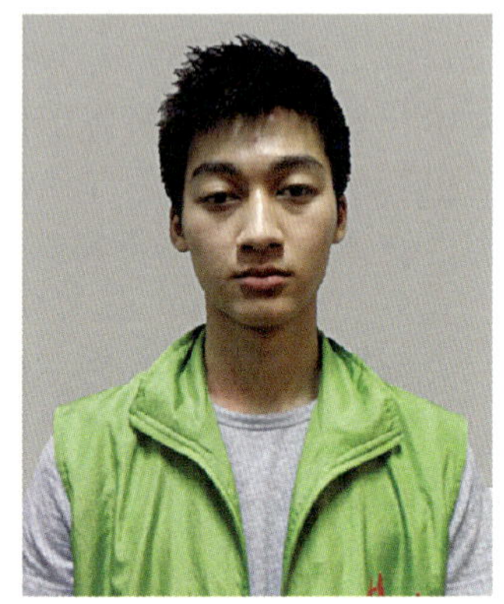

图 1-2 男性客运服务人员不宜选择的发型

2. 女士发型具体要求

（1）长度要求：女性客运服务人员的头发分为长发，中长发以及短发。

女性客运服务人员中长发是指发尾不超过衬衫衣领的下沿。上岗时必须露出双耳，且“流海”不遮住眉毛，如图 1-3 所示。当发尾长过衬衫衣领下沿时，需将头发盘成发髻，收于指定的发网中，如图 1-4 所示。上岗时禁止披头散发、扎马尾等不符合职业规范要求的发型。

（2）美化要求：

1）美化原则。不论是烫发、选戴假发或染发，都要注意自己的岗位要求，不要过于时髦或时尚，更不能“长发飘逸”，增添女性的妩媚。

2）关于发色。不要将头发染成杂色，尽可能保持自然发色，或将头发颜色染成深色，以增强对比度，显得精神。

3）关于留海。女性客运服务人员建议不要剪齐流海，应根据个人脸形条件，将额头露出 1/3 以上，以提升亲和力。

图 1-3 女性客运服务人员中长发示范

图 1-4　女性客运服务人员长发示范

（3）关于发饰。除了工作发网及头花外，应选择与发色接近且无任何装饰物的皮筋绑头发。将碎发用黑色钢丝夹收夹干净。头饰总体来讲应当简单、实用，色彩不宜过于鲜艳花哨，材质不宜过于贵重，款式不宜复杂，如图 1-5 所示。一次只佩戴一种头饰。不得使用头箍或彩色发卡，不宜使用假发套。

图 1-5　发饰展示

实训　客运服务人员头发造型练习

一、女性客运服务人员盘发

（一）普通圆髻

用品：接近发色的皮筋一条、U 形夹若干、隐形发网一个、定型产品。

第一步：梳顺头发，如图 1-6 所示。用梳子梳头，确保头发没有缠绕。普通圆髻要求头发必须完全光滑，因此如果头发毛躁或者容易飞起，可以用水雾状定型产品给头发增加一点湿度。

第二步：扎马尾，如图 1-7 所示。将头发往后面梳成一条马尾，位置在耳朵上下耳廓之间。确保头发的顺滑后，用皮筋扎成马尾，保证其紧固。确保不会太松以至于时间太久会滑下去。

图 1-6　梳顺头发

图 1-7　扎马尾

第三步：旋发成髻，如图 1-8 所示。将头发扭成绳索状，抓住马尾的尾部，顺一个方向圈成螺旋形。快结束之时，将发尾藏进螺旋形中，用 U 形夹固定。最后用定型产品将碎发收整齐。

（1）如果头发较碎或是发量较多，可以用隐形发网将马尾整个兜住再旋形。

（2）将发夹夹在圆髻底部，尽可能不外露。

（3）如果公司有统一的头花，还需要将已盘好的发髻塞入头花中。

图 1-8　旋发成髻

图 1-9　定型收尾

（二）辫子式圆髻

用品：接近发色的皮筋 2 条、U 形夹若干、隐形发网 1 个、定型产品。

相对于普通圆髻，辫子式圆髻较紧，不易散，好固定。适合头发较长或较碎的女性。

第一步、第二步同“普通圆髻”。

第三步：编辫子，如图 1-10 所示。从底部开始，将头发分成三份，交叉编成普通的辫子。从右边的一撮开始与中间的交叉，再将左边的与中间交叉，继续这样的流程，直到编至发尾。

编至发尾时，紧紧抓住，用发夹将辫子夹在头发上，这样就不需要使用橡皮筋。

如果需要用到橡皮筋，尝试用小一点的，尽量隐藏起来。否则很容易在圆髻里看到橡皮筋。

第四步：盘髻，如图 1-11 所示。从辫子底部开始，圈成螺旋形样子。当卷至尾部时，把发尾塞进圆髻底部。用几个发夹稳定头发，确保头发不会散开。最后用定型产品将碎发收整齐。如果公司有统一的头花，还需要将已盘好的发髻塞入头花中。

图 1-10　编辫子

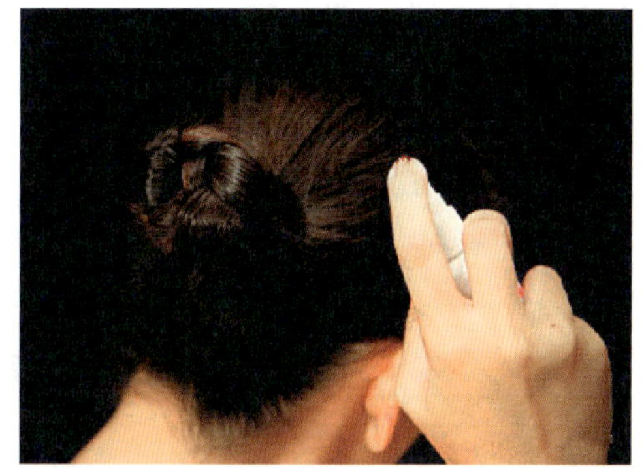

图 1-11　整理与定型

二、男性客运服务人员头发造型实训

（一）发泥造型

用品：风筒、哑光发泥、发胶。 发泥适合正常发质的男性。

第一步：将头发洗净后，用风筒吹干。

第二步：用手指取一定量的发泥，在指尖画圈式揉开；取量以一颗玻璃弹珠大小为宜。

第三步：将手指张开，插入头皮，然后并拢向上提，反复做几次；如果想要一绺绺的效果，用手指一小撮一小撮地捻、捋、搓几下。

发泥会比较硬，但造型感强。如果需要保持造型 8 小时以上，就选发泥。适合正常发质的男士。但别用太多，不然会显得死板。

（二）蓬松粉造型

用品：风筒、蓬松粉、发胶。蓬松粉适合发质细软的男性。

第一步：将头发洗净后，用风筒吹干。

第二步：把头发拨开，适量均匀地撒在发根和发尾上，记得一定要拨开头发，粉末才不至于都浮在头发表面上。

第三步：用手指搓揉蓬蓬粉撒上的部位，像平常抓发蜡、发泥那样去整理头发，会发现头发瞬间蓬松了许多，而且哑光无油，自然蓬松空气感造型。

蓬蓬粉的用量要提醒一下，一般十字形的开口，可以用手指盖住几个孔，均匀地多撒几次，少量多次的技巧更利于蓬蓬粉的均匀覆盖。

使用以上两种产品造型完毕后，均需要再使用发胶定型。使用发胶时一定要距离头顶足够的距离，保证喷下来呈雾状，这样既起到了定型效果，又保证了原有头发的质感。

除了距离足够远，按住喷嘴喷出时微微晃动手臂让喷出去的雾状有一定线条，才够均匀。

任务二 面 部 修 饰

城市轨道交通客运服务人员应该在工作中保持洁净、卫生、自然且修饰得当的仪容。修饰时应强调自己面容以及身体的优势，扬长避短，形象端正。具体要求如图 1-12 所示。

脸：洁净无油光及明显伤疤。工作淡妆，自然和谐，干净完整。

眉：洁净整齐，适度修眉，眉形自然完整，眉色与发色接近。

鼻：内外干净无分泌物。鼻毛不外露。

嘴：唇色自然健康，嘴角无分泌物。口气清新，牙齿干净整洁，无食物残渣。工作中不嚼口香糖或槟榔。

眼：内外干净，无分泌物，无睡意，不充血，不斜视。近视人员佩戴全透明镜片眼镜，洁净明亮，无缺边缺角。不戴假睫毛或有色隐形眼镜。

耳：内外洁净，无分泌物。可戴一对耳钉，耳钉直径不超过 1cm。双耳均要露出。

绒毛：若体毛较重，建议脱毛。

脖：保持干净，饰品不外露于制服。勿与脸泾渭分明。

图 1-12　女性服务人员面部修饰要求

1. 洁净

城市轨道交通客运服务人员面部洁净的标准是无灰尘、无泥垢、无汗（污）渍、无分泌物、无其他一切不洁之物。要做到这些，除了正确洗脸之外，在工作的间隙，还要留意自己的面部卫生，及时清理。

2. 卫生

当需要擤鼻涕、吐痰、咳嗽、打喷嚏、打嗝时，应立即转身朝向无人方向，用纸巾或手帕遮掩，之后立刻洗手。更不可在岗位上剔牙齿、掏鼻孔、挖耳朵、搓泥垢。当长有痘痘时，不要用手去挤，尽量做到饮食清淡，睡眠充足，心情舒畅，有必要时及时就医。对于良好的个人卫生习惯能够有效防止疾病的传播，也有助于在乘客心中留下良好的印象。平常还需做到勤洗澡，勤换衣，避免身体留下过重的体味。勤洗手，勤漱口，保持手部清洁以及口气清新。上班期间应避免食用过于浓烈的食物，如葱、蒜、韭菜等。总之，要避免身上出现口腔异味、腋下异味、体肤异味，或由于疾病所至的鼻子异味、耳朵异味。

实训　日常基础护肤练习

一、女士护肤

女士护肤可参考推荐步骤进行，如图 1-13 所示。

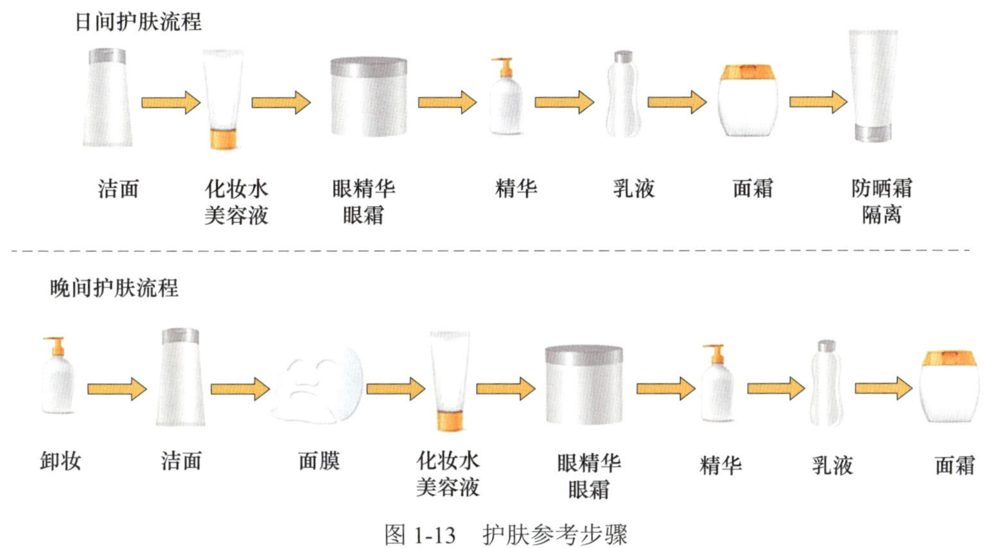

图 1-13 护肤参考步骤

二、男士护肤

男士护肤要记住每天三个步骤及每周护理就可以轻松护肤。

1. 洁面

男性更应该用一些温和的洗面奶，不能长期使用香皂，然后用平衡肌肤的营养水，柔肤水。面部要经常做按摩，以促进血液循环，排泄皮肤内的毒素。并不是洁面越多越好，过多洁面产品只会刺激皮肤分泌更多油脂。使用洗面奶要因人而异，油性的要有净化平衡洁面乳，中性的要有活性嫩肤洁面乳液；晚上洗完脸以后，都用柔肤水就可以了。

2. 爽肤

如没有适当调理，洁面只会刺激更多油分，因为皮肤在洁面后没有油脂保护，水分更容易蒸发于空气中，从而刺激肌肤分泌大量油脂以保存水分，因此，洁面后拍上爽肤水，能瞬间收敛皮脂分泌，收细毛孔，也能平衡皮肤酸碱度。如经常长暗疮，可用含杀菌或吸油粉末的爽肤水，加强控油功效。

3. 滋养

爽肤收敛了毛孔，但皮肤可能还是处于比较干燥的状态，需要用专业男士面乳滋养，专为男士设计，质地轻盈的配方，轻柔质感迅速被皮肤吸收，绝不油腻，有效滋润肌肤和补充肌肤流失水分，洗脸后一定要用面乳。

想要肌肤健康，还需注意以下几点：

（1） 充足的水分。每天喝 6～8 杯白开水，切不可口渴了才喝水。

（2） 充足的睡眠。保持良好的作息习惯，每天 23 点前睡觉，不熬夜。保证每天 6～8 小时睡眠。

（3） 良好的饮食习惯。饮食清淡、均衡，少喝冷饮。

（4） 保持良好的心情。心态健康，心情愉快，培养自己的心理调整能力。

（5）忌乱用药。当皮肤出现不适时，应当去正规医院诊治，切莫自己乱用药。

（6）正确选择护肤及彩妆产品。依据肤质，选择适合自己，由正规厂家生产的护肤品和化妆品。

任务三 化 妆 修 饰

化妆是现代女性生活中的一门必备技能。适度而得体的妆容，可以展现女性的端庄、美丽、温柔、精致的气质。女性客运服务人员适度使用化妆用品进行仪容修饰，有助于表现服务人员的自尊自爱、爱岗敬业的精神，以及训练有素的职业素养。化工作妆时要注意“淡雅、简洁、适度、庄重和避人”。化工作妆的原则如图 1-14 所示。

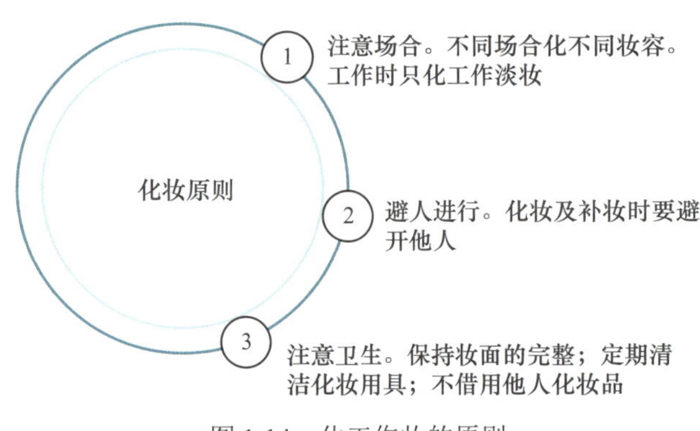

图 1-14 化工作妆的原则

化妆前做好皮肤的护理，保证皮肤健康、湿润。具体化妆步骤如下：

第一步：打粉底，如图 1-15 所示。选择跟肤色同色号的粉底液，再利用粉底在脸上均匀刷粉底液，来回轻扫，避免留下刷痕，就像是在脸上打无数的小“X”的感觉，在粉底刷使用完之后可以再用海绵块轻轻按压一下全脸，这样能帮助粉底分布得更均匀，也让整体妆效更加自然通透。

第二步：定妆，如图 1-16 所示。先用干粉扑粘取适量的蜜粉对折揉匀，用手指弹去多余的粉末，均匀按压在肌肤上，再用大号化妆刷拂去多余的粉末，千万不可遗忘眼角、鼻翼、嘴角这些油脂旺盛区域。好的蜜粉不仅起到定妆吸油的效果，更重要的是能二次修饰。

图 1-15 打粉底示范图

图 1-16 定妆示范

第三步：画眉，如图 1-17 所示。选择与发色接近的眉笔及眉粉画眉。从眉毛中间位置开始，先画眉毛下侧边缘底线。某些地方没有眉毛，需要用眉笔一笔一笔补画出效果。用眉刷沾取眉粉，在眉尾往眉中位置，反复刷两次；然后从眉中位置往眉头方向，反复刷两次，加重颜色。描画眉毛时，要顺着眉毛生长方向描画，这样才会把眉毛画得自然生动。避免出现生硬的眉毛，失去真实感。

图 1-17　画眉示范

第四步：画眼影，如图 1-18 所示。用中型眼影刷沾取白色高光，从内眼角向外眼角大面积扫满整个上眼皮强调结构。用小型的眼影刷在眼线上处反复轻扫几次咖啡色，控制咖啡色的面积，只做小范围使用，这样可以使整个眼部看上去更立体。晕染时要注意层次的过渡，避免涂抹不匀造成的污浊感。

第五步：画眼线，图 1-19 所示。将镜子放在距身体 20cm 处，眼睛向下看，用无名指把眼皮轻轻向上拉。贴着睫毛根部，由眼尾向眼角分段描画。外眼角拉长。用眼线刷，从眼角至眼尾将眼线推匀，使线条自然清晰。用眼线刷晕开眼线这一步是一定不能省的，这个步骤能让眼线看起来自然不会太死板，如果是内双、眼角容易出油的女士，建议使用眼线膏。

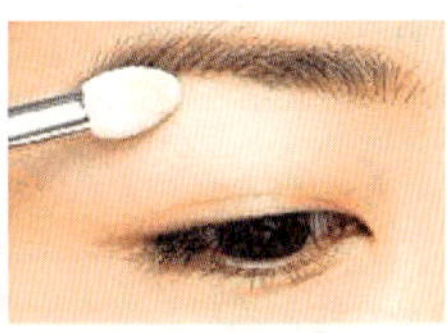

图 1-18　画眼影示范

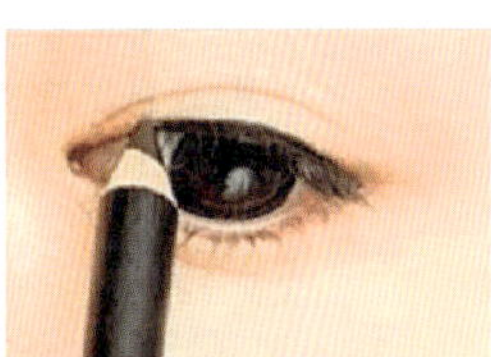
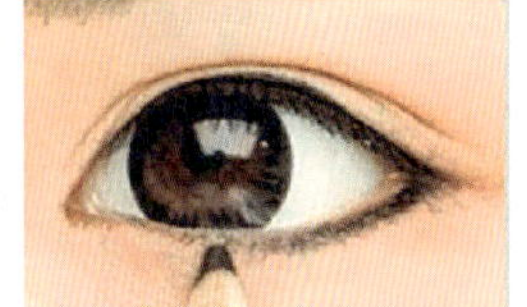

图 1-19　画眼线示范

第六步：刷睫毛，如图 1-20 所示。从最外梢→中间→根部的顺序分段式夹睫毛，这样夹的睫毛既自然又卷翘，卷翘能达到 80°。以走‘Z’的手法刷睫毛，不能涂太多睫毛膏，睫毛会因为太重而翘不起来了。

第七步：上腮红，如图 1-21 所示。以胭红刷蘸取少量腮红，先上在颧骨下方，即高不及眼睛、低不过鼻底线、长不到眼长二分之一处，手势略作提升，即向斜上方刷。然后才略作延伸晕染。

图 1-20 刷睫毛示范

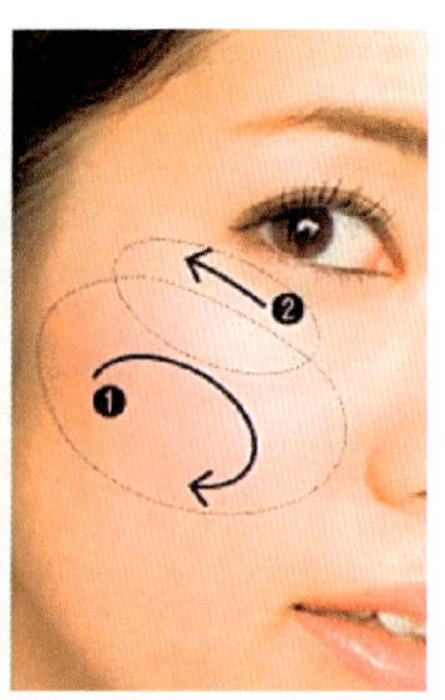

图 1-21 刷腮红示范

图 1-22 涂唇膏示范

第八步：涂唇膏，如图 1-22 所示。先以压线笔描好唇线，确定好唇形。唇膏的颜色与腮红同色系，避免选用鲜艳或古怪的颜色，建议不用光泽度过高的唇彩。用唇刷沾取唇膏由两侧向中间均匀刷开，并不超出唇线。涂完唇膏后，要用纸巾吸去多余的唇膏，并细心检查牙齿上有无唇膏的痕迹。

第九步：检查，如图 1-23 所示。查看有无缺妆或脱妆，随时保持妆面完整且干净。

化妆是熟能生巧的过程，女性客运服务人员可以通过以上九个步骤反复实践，认真体会，摸索出自己最理想的化妆用品及技巧。

图 1-23 检查妆容

实训 化工作妆练习

用品：隔离霜、粉底（液）、遮瑕膏、眉笔（粉）、眼影、眼线笔（液或膏）、睫毛夹、睫毛膏、胭脂、高光、侧影、唇膏、化妆刷（一套）、定妆粉、化妆棉、棉签、镜子、卸妆液等。

实训要求：

（1）女生按照教材中的化妆步骤，一边化妆一边与同学们互相交流，听取同学们的建议和反馈。

（2）小组中的男生可以边看教师播放的化妆教学视频，一边为女生提建议。或是认真回忆城市轨道交通企业员工的仪容规范，结合现状撰写200字左右的体会，再相互交流。

（3）男生为女生化工作妆。国际国内顶尖的彩妆大师多为男性，男性可以从异性的角度“妆扮”女性。

任务四　肢 体 修 饰

一、手部修饰

在为乘客服务时，一双干净秀美、保养得当的手，会为自己加分。一双粗糙污浊、伤痕累累的手恐怕只会让乘客对服务人员的总体印象大打折扣。

（1）注意清洁。双手六洗，即上岗前、手脏后、接触入口食物前、规定洗手时、便前便后、下班前。男性客运服务人员不留指甲，女性允许留2mm以内的指甲，如图1-24、图1-25所示。

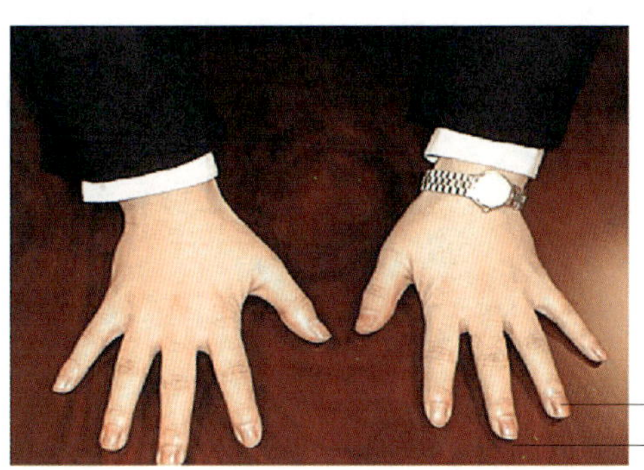

图1-24　男性客运服务人员手部规范展示

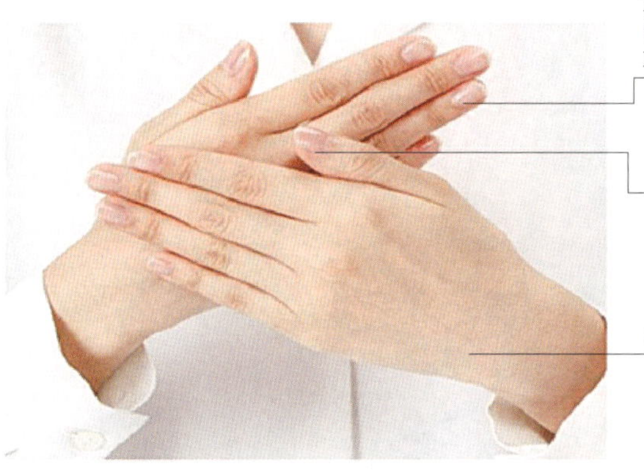

图1-25　女性客运服务人员手部规范展示

（2）保养得当。定期修剪，每天检查。工作中要勤洗手，保持手部清洁，特别注意指甲缝里无污垢。如果用肥皂或洗手液清洗后，建议涂抹少许护手霜，防止干燥。

（3）注意防病。当手、臂有伤口、出现红肿、体癣时，要防护到位，并及时就医，切不可任其发展。出现创口时，需及时消毒包扎，以防感染。

（4）修饰得当。客运服务人员禁止在裸露的肌肤上刺字、纹身。女性服务人员允许使用无色或接近自然的指甲油，不可做贴片、画花或显眼的修饰，如图 1-26 所示。

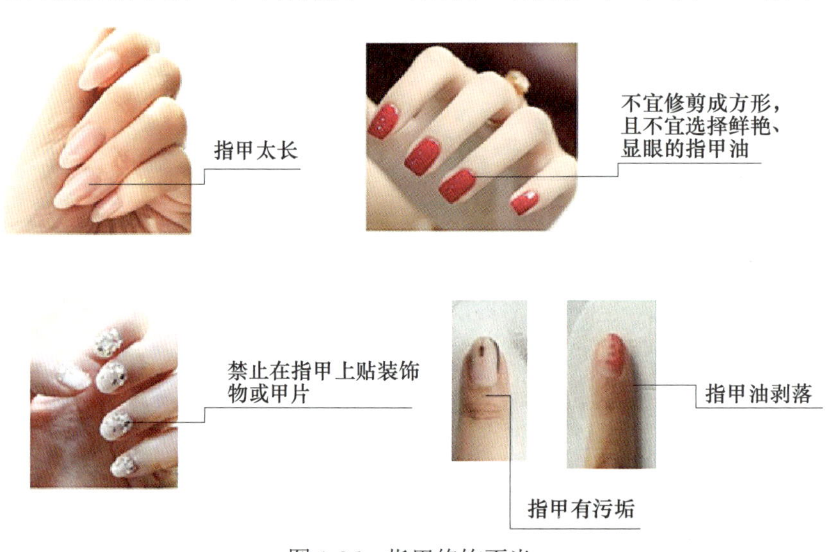

图 1-26　指甲修饰不当

二、腿、脚部修饰

“远看头，近看脚”。脚部清洁体现了生活细节与品位。如图 1-27 所示，客运服务人员在工作中要注意以下三点：

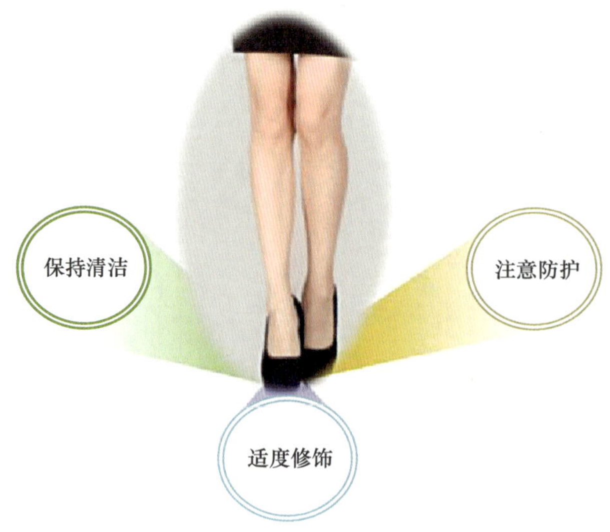

图 1-27　脚部修饰注意事项

1. 保持清洁

养成良好的卫生习惯，每天洗脚，更换袜子。鞋子放于通风处，最好有两双工作鞋轮流穿着，既能延长鞋子的穿着年限，又能让鞋子充分干燥，避免异味。

2. 注意防护

定期修剪脚趾甲，防止嵌甲。穿着工作裙装的女性必须穿着连身裤袜，不能光腿。在地下车站工作的客运服务人员，因地下湿度较大，要注意保护膝盖，做好相关防护工作。客运服务人员因站立时间长，还需要防止下肢静脉曲张或水肿。可以在休息时，泡脚保养，或是按摩腿、足部。

3. 适度修饰

客运服务人员禁止在制服外裸露的肌肤上纹身；做美甲也需适度，不要贴、挂任何饰物在指甲上，以免造成足部的损伤。

三、体毛管理

女性客运服务人员如若手臂汗毛较浓密，应当采取行之有效的方法将其去除。夏天穿着短袖制服工作时，只要抬手，就容易从袖口位置“瞄”到腋窝。因此，女性客运服务人员最好在上岗前将腋毛剃除，避免不雅。若女性面部、手臂或腿部出现较重的腿毛时，也最好将其祛除。男性必须养成不挽裤腿，不光脚穿鞋的良好行为习惯。

实训　洗手及腿部按摩练习

一、洗手

实训用品：肥皂或洗手液（洗手时尽量使用流动的水，如图 1-28 所示）。

第一步：清洁掌心。打开水龙头，打湿双手，然后在手掌心上涂抹足够的洗手液或肥皂，双手五指并拢相互揉搓若干次。

第二步：清洁手背。双手五指并拢，左手心覆盖右手背揉搓若干次，然后左右手交换揉搓。

第三步：清洁指缝。双手五指分开，双手十指交叉相互揉搓若干次，清洁指缝，此时可以手心相对或手心覆盖手背。

第四步：清洁指尖。左手并拢，右手五指握成鹰爪状在左手心揉搓，清洁指尖。

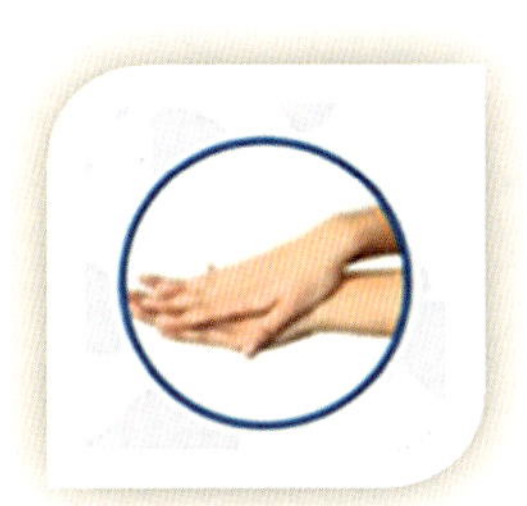

图 1-28　清洁掌心、清洁指尖清洁拇指

第五步：清洁拇指，一只手握住另一只手的拇指搓洗，然后左右手交换搓洗。

第六步：清洁手腕，一只手握住另一只手的手腕搓洗，然后左右手交换搓洗。

二、腿部按摩

客运服务人员因工作站立时间很长，腿部会酸痛甚至是肿胀。在休班间隙以及下班休息时，可以适当按摩腿、足部，缓解不适，如图 1-29、图 1-30 所示。

第一步：拧压。两手打开，分别放在大腿的上下两侧，同时往内侧拧动大腿肌肉，然后再一起往外侧拧动。

第二步：打圈按摩。将手掌根部放在膝盖上方的位置上，然后打圈按压。

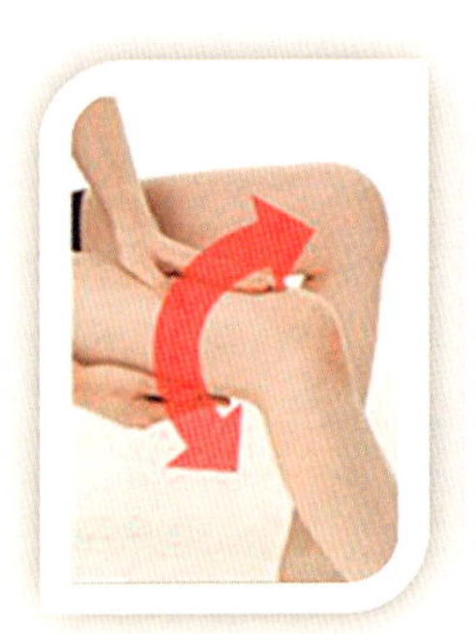

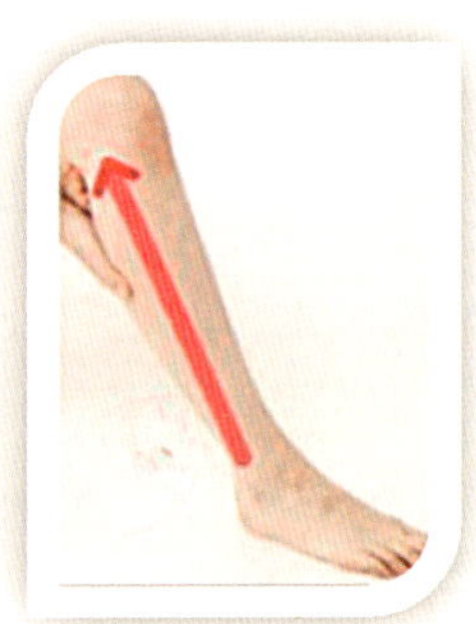

图 1-29 拧压打圈按摩推擦、提拉

第三步：推擦。打开手掌的户口，右手扶在膝盖下方，左手往下推擦小腿上侧。

第四步：提拉。两手从脚腕处开始，左右交替地用手掌轻擦至膝窝处。

第五步：按压。用手从后方抱着脚腕，拇指按在外侧，用指腹往上推压小腿肌肉。

第六步：点压。用手扶着脚后跟，脚跟稍稍抬起离地，拇指放在脚跟的外侧，即脚踝的后下方，轻轻用拇指指腹打圈并点压按摩。

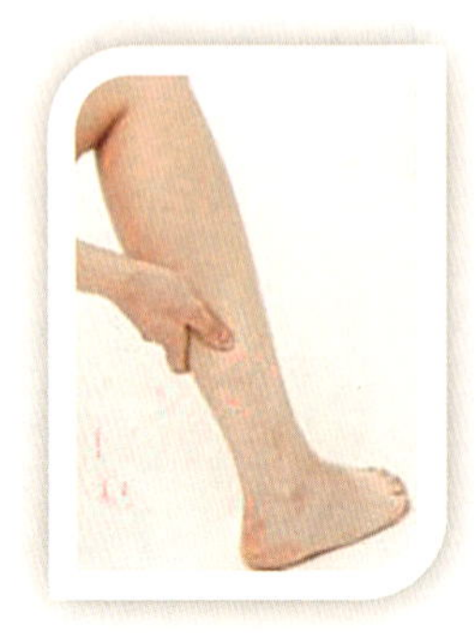
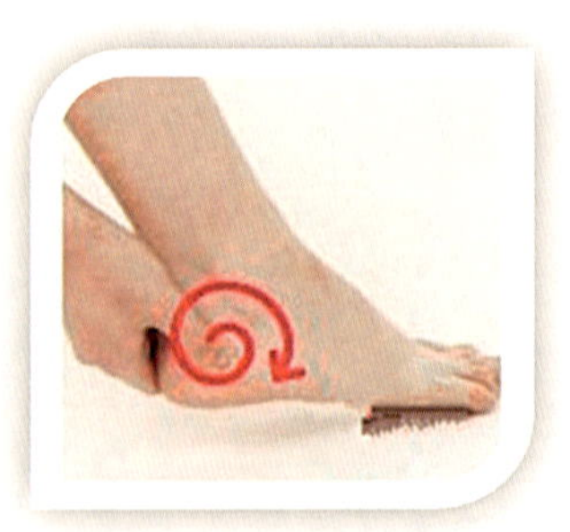

图 1-30 按压点压

子项目二　仪表礼仪规范运用

服装具有自我表达功能。作为一名客运服务人员，职业要求规范，强调细节。规范着装就是在用无声的语言告诉乘客，客运服务人员专业程度，这样才能让乘客感觉“值得信赖”。

任务一　服　装　选　配

服装能够为人体遮羞、保暖，保护人体不受外界环境因素的侵害，除此之外，还具有美学功能、表达功能和标志功能。严格来说，着装既是一门技巧，更是一门艺术。在穿配服饰时应该注意“协调原则”及“TPO 原则”，如图 1-31 所示。

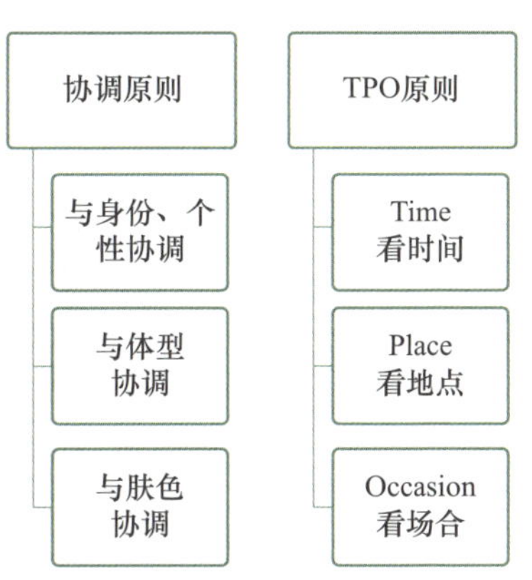

图 1-31　着装两大原则

除了以上的原则，在进行服装选配时，还要把握好服装的色彩和款式两大服装要素。

不同的色彩，会使人产生不同的心理感受。如红色既会让人感觉积极、热情、朝气、温暖，同时也会让人联想到警告、危险、血腥、侵略。所以在着装时，要注意色彩搭配的和谐。常用的色彩搭配方法如下：

（1）同色搭配，如图 1-31 所示。上下身为同一颜色，以饰物点缀。同一套服装，也可以利用衬衣的样式与颜色的变化与之相衬托，表现不同的风格。

（2）同色系搭配，如图 1-32 所示。利用同色系中深浅、明暗度不同的颜色搭配（如深蓝与浅蓝、红与粉红搭配），会显得有亲和力。

（3）对比色搭配，如图 1-33 所示。以不同明亮度的颜色（如白与黑）做对比，或以相互排斥的颜色作对比（如红与绿、黄与蓝）。使用对比色搭配时，建议搭配黑、白、灰、金等颜色，用以调和，不会显得太跳跃。此种搭配方法只要运用得当，会给人留下相映生辉、耳目一新的亮丽效果。

图 1-32　同色搭配

图 1-33　同色系搭配

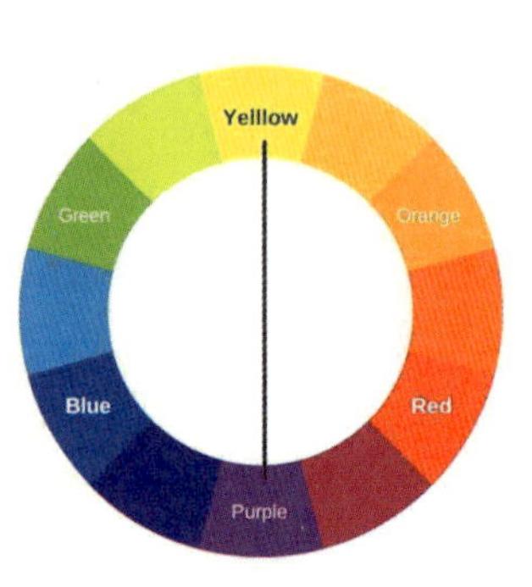

图 1-34 对比色系搭配

（4）上深下浅搭配，如图 1-35 所示。显得活泼、飘逸，富有青春气息。适合年轻人或非严肃职场。这种搭配方式不适合行政办公室工作人员，会让人感觉不够庄重。

图 1-35 上深下浅搭配

（5）上浅下深搭配，如图 1-36 所示。显得沉着、稳重、沉静。这是职场人士最常见的搭配。

图 1-36 上浅下深搭配

城市轨道交通企业客运服务人员基本都穿着企业定制的制服上岗。在不需要穿制服的正式场合中，服务人员的服装款式要求造型简洁、轮廓清晰、线条干练。男士以西装套装为基本款式，女士以西服套装（裙）为基本款式。平时无重大活动、无特别重要或严肃事务、不要求穿制服的工作场合中，服务人员可以穿工作便装。男士可选择衬衫、POLO衫、夹克、休闲西装等，女士可选择针织衫、衬衫休闲裤、连衣裙等。在遵循着装两大原则的基础上，在细节上稍作变化，在局部处理上适当表现个人风格。琳琅满目的服装让人眼花缭乱，如果真的不会选配的话，只需要记住服装款式的一般规律即可，如图1-37所示。

尽管“穿衣戴帽，各凭所好”，但是客运服务人员不允许过分突出个人喜好，应该把着装重点放在“尊重乘客，适应工作需要，塑造企业形象，提供个人素养”这四个方面，符合身份、岗位的要求。

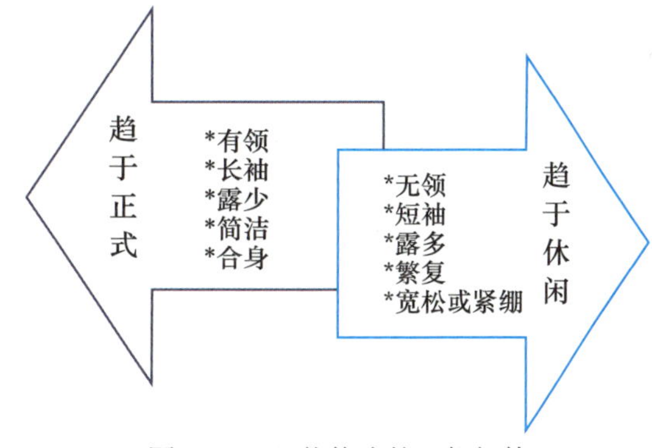

图1-37　服装款式的一般规律

实训　服装搭配练习

实训要求：5～6名同学为一组，完成以下任务。在进行展示时，需要配以讲解、PPT演示，并说明小组成员的具体分工。

（1）查找相关资料，总结服装色彩搭配技巧。可将一本服装杂志上的各种色彩块剪下来进行搭配。再把搭配好的色彩块粘在A3大的白纸上向全班同学讲解、展示。

（2）查找相关资料，总结不同身材的人着装建议及禁忌。制作成PPT向全班同学演示。

（3）查找相关资料，总结职场人士着装（正装除外）建议及禁忌。制作成PPT向全班同学演示。

知识拓展

职业女性体型的分类及穿着建议

法国网站（http://www.allegrofortissimo.com/morphologie.htm.）把女性体型分为A、V、H、O、8型五种的做法值得借鉴，如图1-38所示。

一、A型

（1）体型特点：胸肩窄小，臀部肥大（一般上衣比裤子和裙子小一号）。

（2）着装建议：用亮色、图案或线条转移视线或吸引注意力在上身部位。下身多采用色彩款式低调的、贴身剪裁的裙或裤。

（3）配饰建议：采用能够引起关注在上身的首饰，如胸针、项链、披肩、短手提包。

二、V型

（1）体型特点：肩宽胸大，臀小腿细（一般上衣比裤子/裙子大一号）。

（2）着装建议：上身用协调和低调的单色，选择V形领口。把注意力吸引到下身，垂直线条的裤裙、剪裁特殊的、亮色、图案、有特色的鞋。

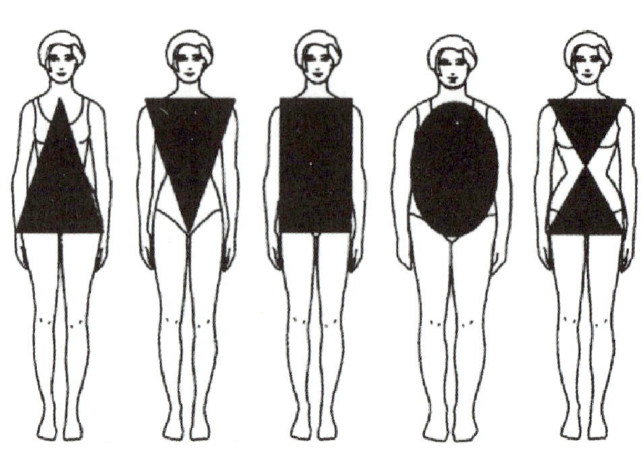

图 1-38 女性 A、V、H、O、8 体型

（3）配饰建议：能够引起注意力在下身的松身腰带，特别是鞋。

三、H 型

（1）体型特点：体现出女性圆润的特点（上衣、裤子和裙子相同等尺码）。

（2）着装建议：充分吸引注意力在女性特点上：选择低领的上衣，尽显腿部曲线的下装。上装采用直线剪裁，低 V 领口，也可选择大一号的上装，但色调要相近。下身可用条纹图案，直线贴身剪裁，色彩低调。

（3）配饰建议：选择醒目的项链、围巾、披肩、手提皮包。

四、O 型

（1）体型特点：肩宽，胸满，臀大，臂厚，腿粗。

（2）着装建议：可采用间接的方法来修饰，达到转移注意力的效果。选择膝上宽松直筒裙，令常人意想不到的露肩装，比如背心。也可选择宽松的罩裙，宽袖、圆领上衣。可以在头发上“做文章”，选择充满女性魅力的发髻和发带起到转移注意力的效果。也可以运用裙衣，长短袖均可，V 领的上衣，搭配高跟鞋。

（3）配饰建议：一定要醒目且精致。

五、8 型

（1）体型特点：胸满、腰细、臀大（上衣和下衣等号）。

（2）着装建议：尽可能吸引注意力在本身的优点上：细腰。上装选择贴身的毛衣或 T-Shirt，有束身线的短衬衫，V 领上衣，下身随意。

（3）配饰建议：能够吸引注意力在腰部的饰品：腰链、腰带、长带手提皮包。

任务二 制 服 穿 着

客运服务人员穿着醒目、统一的制服，既可以使乘客产生依赖感和安全感，便于乘客辨认，又可以让工作人员产生职业的特殊感、责任感和荣誉感。佩戴标明其姓名、职务、部门的名牌还能充分发挥制服所独具的鞭策作用。整齐而美观的制服还可以达到美化自身、形成整体美的效果。

尽管全国轨道交通企业制服各不相同，但多数制服的款式类型有西服款式、军装风格款式两种，如图 1-39、图 1-40 所示，穿着时应符合各自的礼仪规范。

图 1-39　西服款式制服

图 1-40　军装风格款式制服

1. 西服款式

大多数管理岗位的制服以西服款式为主。因此，可以参考西服的着装礼仪。西服套装可以分别按件数、按纽扣进行分类，如图 1-41 所示。

单排扣的西服在系纽扣时，一般的做法是“系上不系下”，即最下面那粒扣子通常不系（1 粒扣西装除外）。双排扣的西服，所有扣子都要系好。如果公司有统一要求时，应按本公司的规定。

与西服搭配穿着的衬衫紧接着颈部在脸的下方，衬衫领子可以说是脸的一个相框，非常重要。首先是颜色。白色无花纹衬衫是所有衬衫颜色中最为重式的。即使不选择白色，制服也多以纯色为主。其次是领型。一般以方领为首选，领子夹角大约 90° 的标准领适合所有不同长相的人，如图 1-42 所示。衬衫的领围大小要以系好顶扣后，脖子能放入 2 指为宜。衬衫领口高于西服外套 2cm。领口、袖口要干净、平整、不起皱。不论是单穿还是搭配西服，在工作场合，衬衫的下摆建议均匀地束进西裤里面。在打领带时，衬衫顶扣必须系上；在不打领带时，顶扣可以打开不系。衬衫袖长以手臂向前伸直时超出西服外套 2cm 为佳。

图 1-41　西服的分类

图 1-42　方领白衬衫

西裤的裤缝线一定要挺直，自然垂到鞋面，从后面看应该刚好到鞋帮与鞋跟的连接处。裤脚距离地面 1cm 左右的穿着方式会让腿看起来更修长。门襟上的拉链及纽扣都要注意全部拉好或系好，腰线处的挂钩也要挂好。发现腰围发紧时，不应随便解开扣子或挂钩。除非工作需要，一般裤耳上不挂任何东西。在正式场合，西服的口袋里尽量少放东西，裤耳上不挂任何物件，以保证西服的服帖、挺括、垂顺。

女士的西服款式一般选择西服套裙，主要包括西装上衣加一条半截式西装裙，俗称女士套装，如图 1-43 所示。这样的款式会显得女性干练、成熟、洒脱，而且还可以显示出女性的优雅、文静、大方、庄重。女士套装的款式很多，常见的制服以深色为首选，上衣注重平整、贴身，最短可以齐腰。衬衫可以选择白色、米色、粉色等浅单色，也可以有一些简单的线条和图案。衬衫的下摆必须收进裙子内。裙子以窄裙为主，又称“一步裙”。为了行动方便，可选择长到膝盖或膝盖上方 3～5cm 处。一般不会长过小腿中部，也不能穿超短裙上班。

图 1-43　女士套裙

女士制服需要系领花或丝巾时，要将衬衫顶扣系好。不系领花或丝巾时，可以解开顶扣。女士在公众场合，不能随意解衣扣。脱外套也最好避人进行。

2. 军装风格款式

军装风格款式制服是国内轨道交通企业最普遍的制服款式，显得雄壮威武、英姿飒爽。这也与轨道交通企业“半军事化”的管理方式不无关系。在穿着这类制服时，应按规定配套穿着，不可将制服与便服外衣混穿。

中国铁路总公司为全国 18 个铁路局、铁路（集团）公司配发了统一的制服，也称国铁制服。分为春、夏、秋、冬四款。图 1-44 所示为国铁制服男式春装着装规范。

图 1-44　国铁制服着装标准示范（男式春装）

我国地铁公司制服款式不同，穿着要求也不相同。地铁客运服务人员应该严格执行公司制定的制服穿着规范，塑造“职业化”仪表，为乘客留下“专业化”的良好映像。图 1-45 为广州地铁女式夏装制服着装规范。

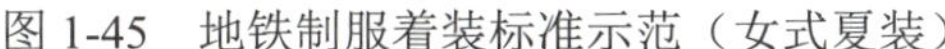

图 1-45　地铁制服着装标准示范（女式夏装）

穿着军装风格款式制服时应当按规定系好衣扣。不得挽袖、披衣、敞怀、卷裤腿；内穿毛衣、绒衣、背心时，尽可能不外露。非因公外出应当穿便装。

知识拓展

职场男士着装锦囊

城市轨道交通企业的部分员工可着便装上班。尽管由员工自由选择服装，也应选择商务休闲款式。在选配时，要注意以下方面。

（一）易犯的错误

（1）无袖或无领的衣服。

（2）有明显品牌标签或大比例卡通图案的衣服。

（3）太肥大或太紧身的衣裤。

（4）闪闪发光的衬衫或外套。

（5）颜色过于鲜艳或撞色的衣服。

（6）衬衫或 T 恤领口开扣超过 1 颗。

（7）衣裤褶皱或掉色明显。

（8）鞋袜颜色出现跳色，穿短丝袜。

（9）皮带款式与服装不搭配。

（10）穿短袖衬衫或夹克打领带。

（11）穿短裤、半截裤、七分裤。

（二）着装技巧

（1）尽量选择净色或花纹不明显的衣服。

（2）衣裤建议混纺面料，避免褶皱。

（3）常规配色原则是：上身浅色，下身深色。全身颜色控制在三种颜色以内。

（4）鞋子、皮带、公文包尽量同一个颜色，以深色（接近黑色）为首选。

（5）衬衫或有领T恤束进裤子。

（6）鞋袜颜色接近或一致。

（7）穿着款式简单的皮鞋。

实训 制服穿着练习

要求：（1）以小组为单位，查阅相关资料，收集各国以及我国轨道交通企业的制服款式，制作成PPT，进行展示。在进行展示时，需要配以讲解，并说明小组成员的具体分工。

（2）全体同学穿着制服或正装进行职业形象展示，要求配乐。组长及老师进行评价，选出班级最佳职业形象奖。

任务三 配 饰 选 配

客运服务人员是服务工作的实施者。为了提供优质的服务、塑造良好的形象，客运服务人员在选择配饰时以不妨碍工作、尊重乘客为原则。配饰要求款式简单、线条简洁、造型简单、面板朴素，不要张扬，过于花哨。

一、领带的系法

领带打法众多，推荐温莎结，如图1-46所示。领带系完后，最下端的箭头应该处于皮带扣的上下边沿之间，如图1-47所示。

图1-46 温莎结系法演示

图1-47 领带规范佩戴

下班后，需将领带完全解开，折叠收好，待上班时重新系，切不可当成拉链领带使用。

领带需定期清洗、熨烫平整。

二、皮带的选择

皮带的选择如图 1-48、图 1-49 所示。

图 1-48　着制服时应选用扣式皮带

图 1-49　针式皮带属于休闲皮带

三、鞋袜的选择

女性工作人员宜选择鞋跟在 3.5cm 以下的“包指包跟”的接近裤子或裙子颜色的皮鞋，如图 1-50 所示。

图 1-50　女士皮鞋

女性工作人员上岗不宜穿着的鞋款如图 1-51 所示。

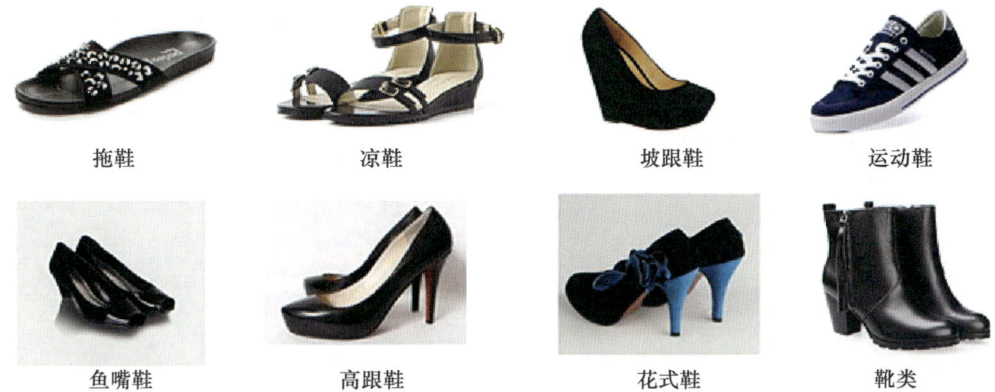

图 1-51　女性工作人员上岗不宜穿着的鞋款

男性工作人员可选择款式简单的“包指、包跟、包脚面”的皮鞋，如图 1-52 所示。

图 1-52 男士皮鞋

男士工作人员上岗不宜穿着的鞋款如图 1-53 所示。

图 1-53 男性工作人员上岗不宜穿着的鞋款

袜子的选择如图 1-54 所示。

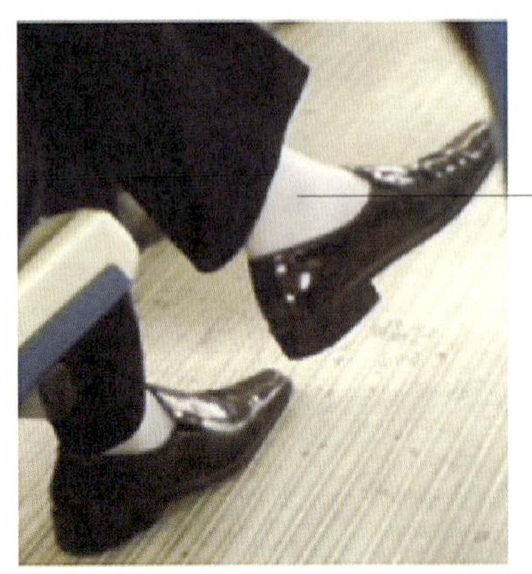

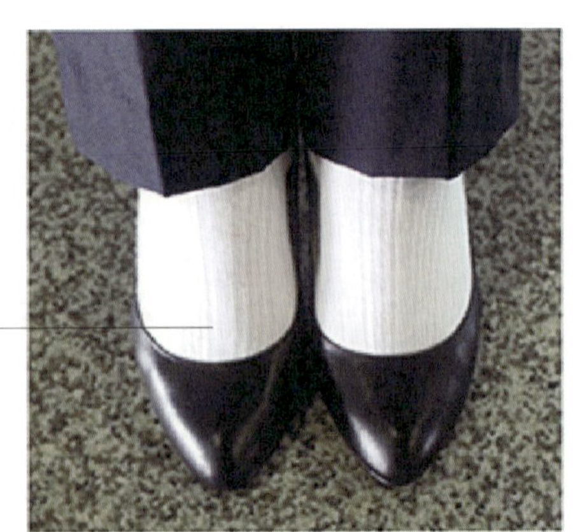

图 1-54 袜子的选择

四、饰品的选择

1. 耳饰

女性工作人员只允许戴一对对称的耳饰，选择紧贴耳朵的款式，设计简单，以耳钉为最佳。耳钉直径不超过 3mm，如图 1-55 所示。不戴夸张的耳饰，如图 1-56 所示。男性工作人员禁止佩戴任何耳饰。

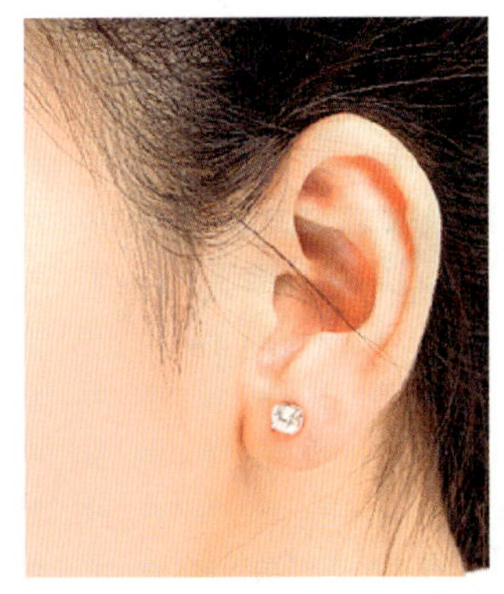

图 1-55　耳饰正确选佩演示

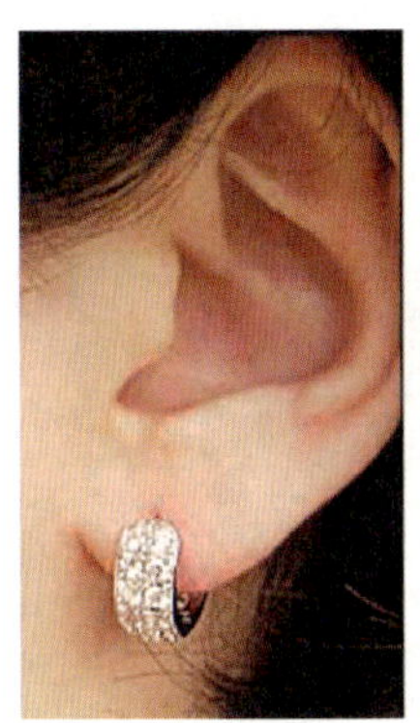
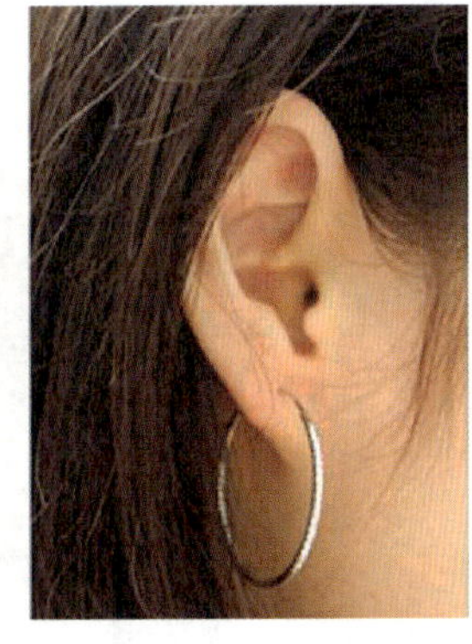
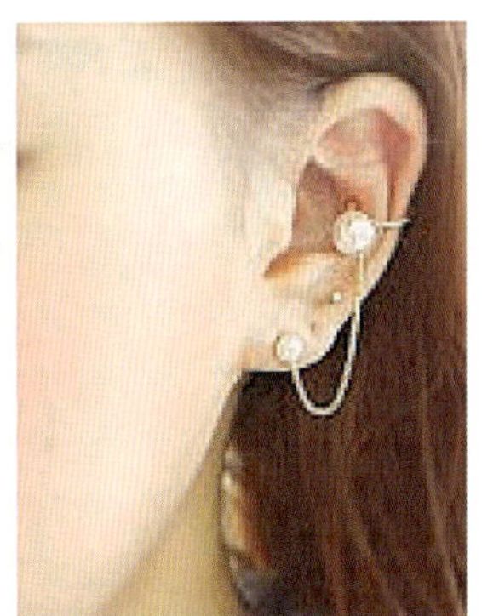

图 1-56　耳饰错误佩戴演示

2. 戒指

客运服务人员一次只戴一枚戒指，且戒指设计要简单，如图 1-57 所示。不应佩戴有明显凸起物的戒指，以免刮伤他人或影响工作，如图 1-58 所示。按照习俗，已婚者戒指戴在左手无名指。

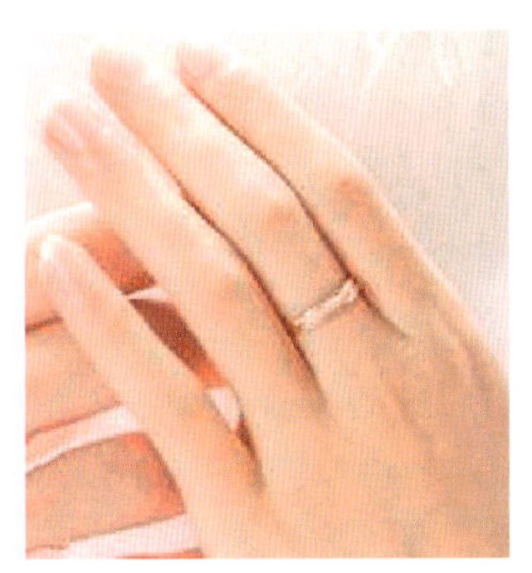

图 1-57　戒指正确佩戴演示

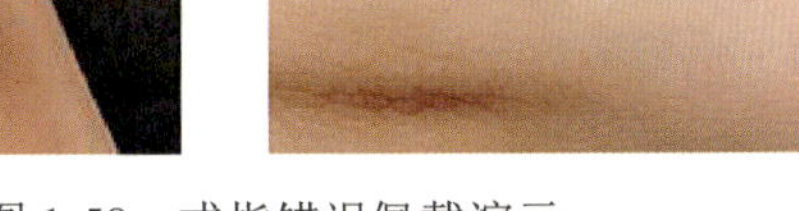

图 1-58　戒指错误佩戴演示

3. 手表

客运服务人员应该佩戴手表上岗，以便掌握时间。手表的设计应是简单传统的，表带是银色、金色的金属或皮制表带，如图 1-59 所示。卡通表、塑料表、手镯表给人感觉不严肃，不建议佩戴，如图 1-60 所示。手腕除了手表外，不应佩戴其他饰品，如图 1-61 所示。客运服务人员不允许佩戴脚链。

图 1-59 选择简单、传统的钢（皮）制手表

图 1-60 不宜佩戴的手表款式

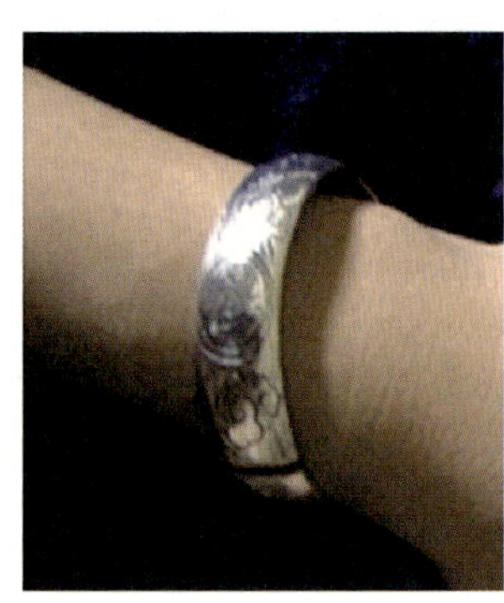

图 1-61 客运服务人员手腕不宜佩戴多件或花哨的饰品

综上所述，客运服务人员在选择配饰时，以少为佳，宁缺毋滥。宁可不戴，不可错戴。宜选用款式风格颜色一致的配饰，产生协调美和统一美。

知识拓展

领带及丝巾的多种系法

一、领带的多种系法

（一）半温莎结

半温莎结让男性看起来有风度更有自信。半温莎结是一种比较浪漫的领带打法，近似正三角形的领形比四手结打出的斜三角形更庄重，结形比四手结稍微宽一些，适用于任何场合，在众多衬衫领形中，与标准领是最完美的搭配。如果是休闲的时候，用粗厚的材质系半温莎领，能突显出一股随意与不羁。

第一步：宽的一端（下面称大端）在左，窄的一端（下面称小端）在右。大端在前，小端在后，呈交叉状。

第二步：将大端向内翻折。

第三步：大端从右边翻折出来之后，向上翻折。

第四步：大端旋绕小端一圈。

第五步：拉紧。

第六步：将大端向左翻折，成环。
第七步：由内侧向领口三角形区域翻折。
第八步：打结，系紧。
第九步：完成。整个过程如图 1-62 所示。

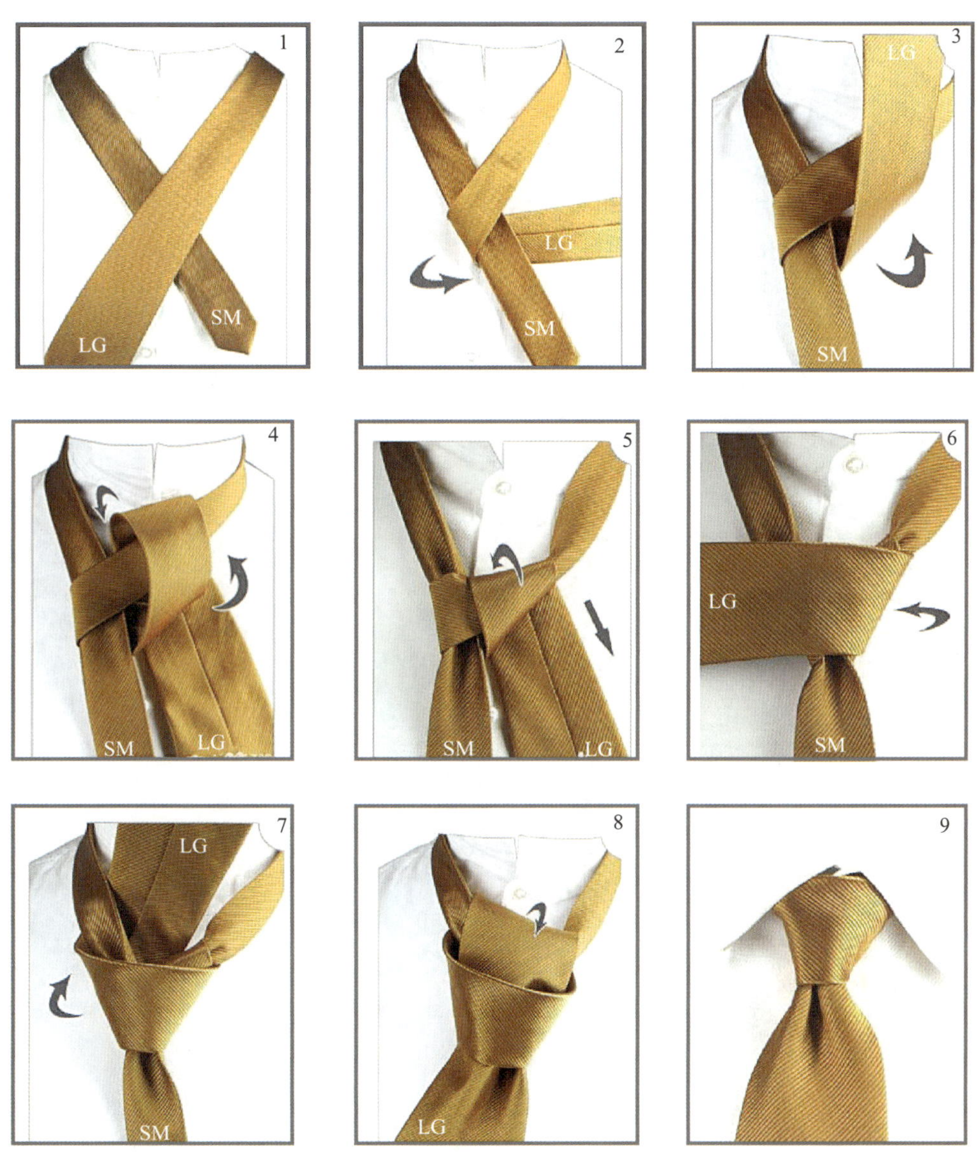

图 1-62　半温莎结系法示意图

（二）普瑞特结

与其他基本打法比较，普瑞特结的特点是开始打结时领带的背面朝外，这样做有一个好处可以减少一个缠绕的步骤，领结形状似温莎结的端正，却又比温莎结体积要小，十分美观，如图 1-63 所示。

图 1-63 普瑞特结

第一步：宽的一端（后称大端）在左，窄的一端（后称小端）在右，大端在后，小端在前，交叉叠放。注意领带反面朝外。

第二步：如箭头所示，由外至内，将大端向两者交叉的区域翻折。

第三步：再将大端从左边拉出，也就是大端绕小端一圈，回到原位。

第四步：接着将大端向右平行翻折。

第五步：从内侧翻折到领口的三角形区域。领带结表面成环。

第六步：打结，系紧。

第七步：完成。整个过程如图 1-64 所示。

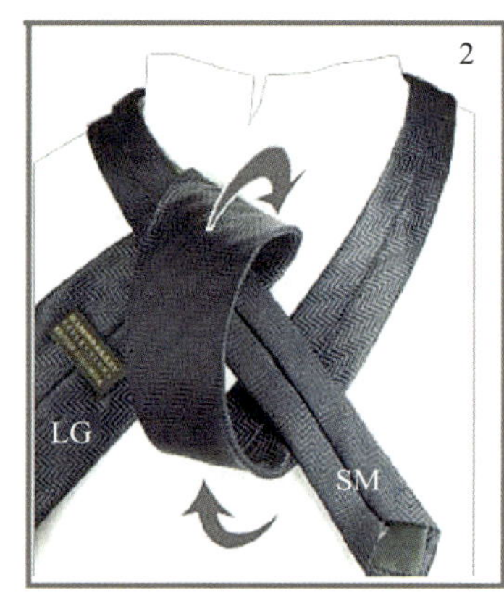

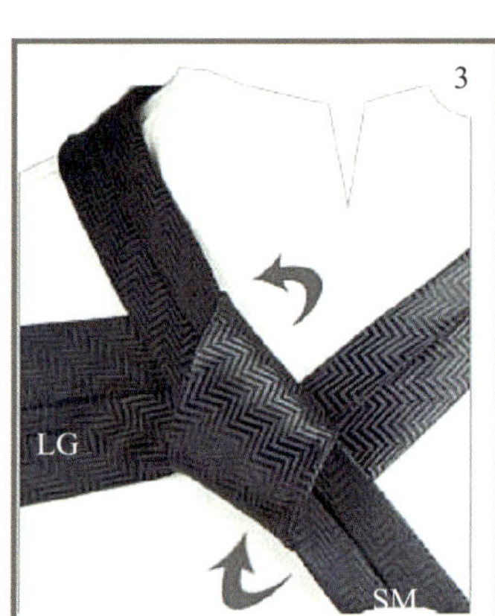

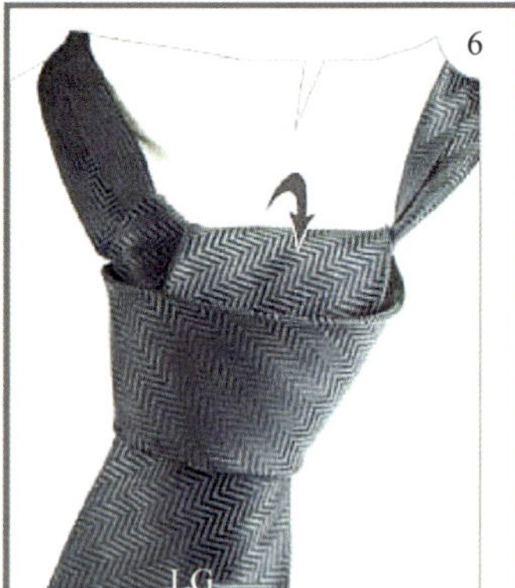

图 1-64 普瑞特结系法示意图

二、丝巾的多种系法

（一）巴黎结

第一步：利用重复对折将方巾折出领带型，绕在颈上打个活结。

第二步：将上端遮盖住结眼，并将丝巾调整至适当位置。

第三步：完成。整个过程如图 1-65 所示。

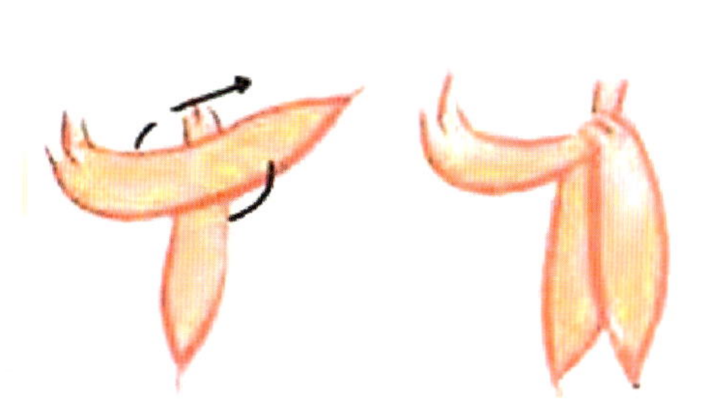

图 1-65　巴黎结系法示意图

（二）领带结

第一步：将丝巾对折再对折成领带型。

第二步：较长的 a 端绕过较短的 b 端，穿过丝巾内侧向上拉出。

第三步：穿过结眼向下拉出，并调整成领带型。

第四步：完成。整个过程如图 1-66 所示。

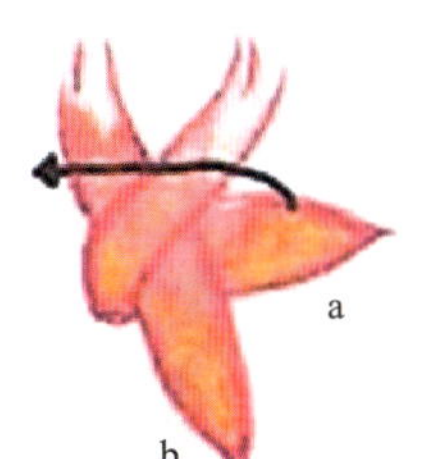

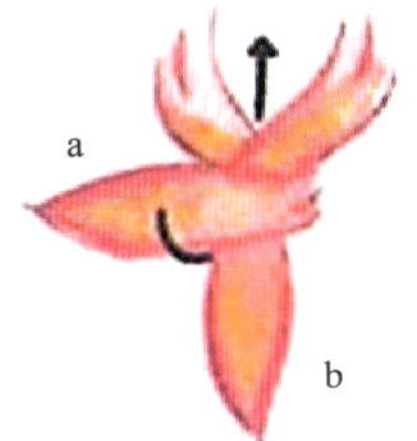

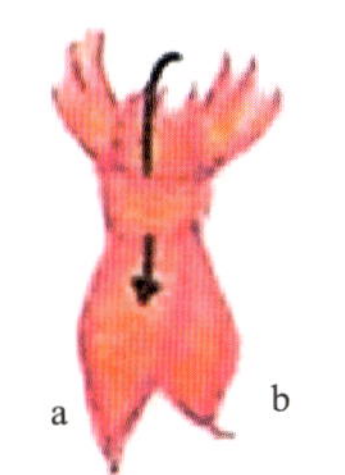

图 1-66　领带结系法示意图

（三）西班牙结

第一步：将丝巾对折再对折成三角形。

第二步：三角形垂悬面在前方。

第三步：两端绕至颈后打结固定。

第四步：调整正面折纹层次，西班牙结完成。整个过程如图 1-67 所示。

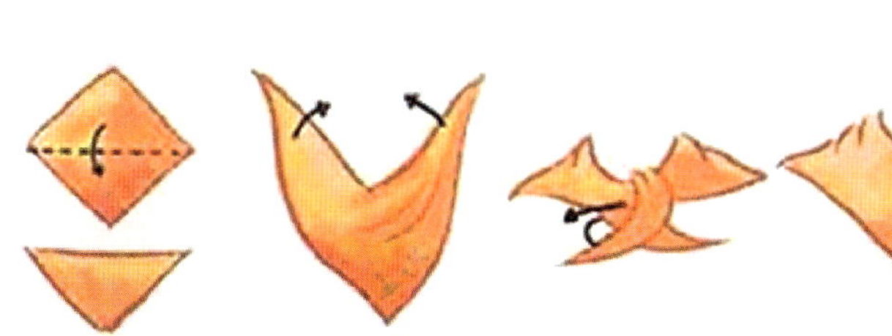

图 1-67　西班牙结系法示意图

（四）海芋结

第一步：将丝巾重复对折，稍微扭转后绕在颈上。

第二步：重复打两个平结，并让两端保持等长。
第三步：将两端分别置于胸前及肩后。
第四步：完成。整个过程如图 1-68 所示。

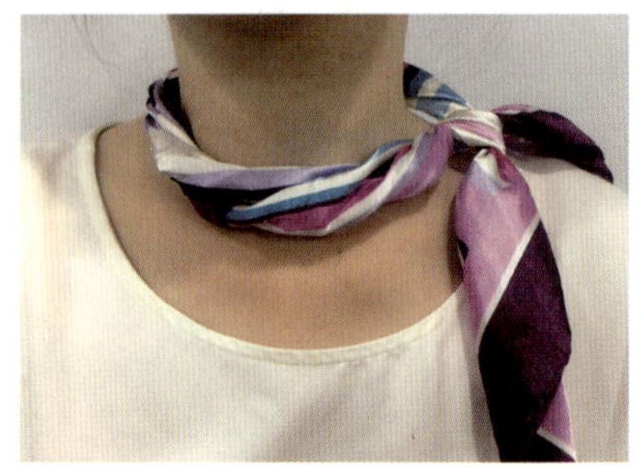

图 1-68 海芋结系法示意图

（五）竹叶结

第一步：将丝巾重复对折成领带型。
第二步：将丝巾绕在脖子上，较长的 a 端绕过 b 端穿过颈部内侧，再由结眼拉出。
第三步：将 a 端拉出后，拉紧固定，调整尾端与结的位置。
第四步：完成。整个过程如图 1-69 所示。

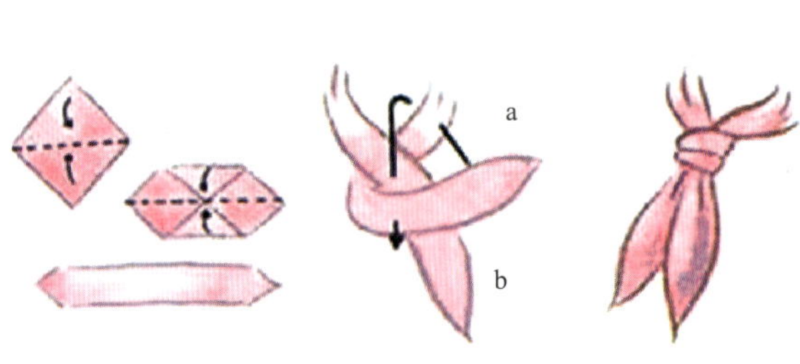

图 1-69 竹叶结系法示意图

（六）凤蝶结

第一步：折出斜角口长带后，将 a 端拉长套在颈上，打个结。
第二步：将长的 a 端打个圈，短的 b 端绕过圈，打出单边蝴蝶结。
第三步：将单边蝴蝶拉好，结眼移到侧边，调整形状。
第四步：完成。整个过程如图 1-70 所示。

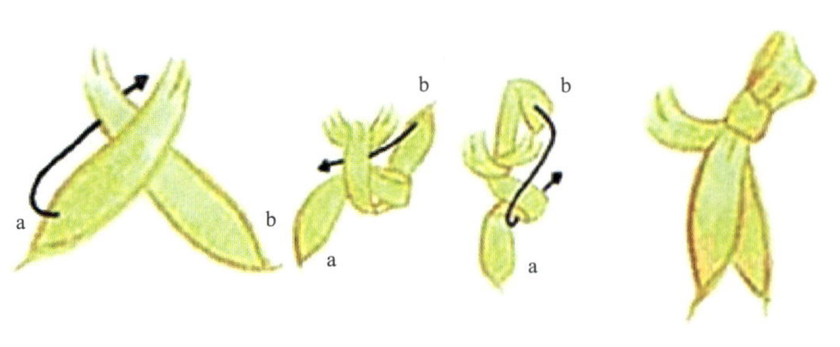

图 1-70 凤尾结系法示意图

实训　打领带与系丝巾练习

要求：男生每 2～3 人一条领带，女性 2～3 人一条小方巾。根据教材中拓展知识，学习常见领带的系法以及丝巾的系法，掌握其要领和技巧。

子项目三　仪态礼仪规范运用

《现代汉语词典》关于仪态的解释是：仪是指人的外在表现形式，态是指人的状态。我国古代诗人张衡在《同声歌》中用“素女为我师，仪态盈万方”来赞美女子的美丽多姿。这里的仪态指的是人的容貌、姿态和风度等。

大量文献认为：仪态美（广义）是一个人在社会活动与交往中所表现出来的、被人所认可的、具有积极意义的整体印象，是人的内在要素与外在要素在不同环境下综合体现出的美的姿态、优雅的气质和风度，是内在气质的外化。仪态美既建立在一个人的内在美，即心灵美的基础上，又准确地将其表现出来。没有心灵美，便难有真正的仪态美；而离开了仪态美，心灵美同样也难以得到展现。

美国心理学家梅拉比安曾经提出过一个非常著名的公式：人类全部的信息表达=7%语言+38%声音+55%体态语。

这个公式表明通过一个人常态的仪态，可以了解一个人的内在素质和思想感情。这种了解，往往比通过语言所获得的了解更加值得信赖。强调了人的仪态美在人际交往中的重要性。

仪态礼仪是客运服务人员在服务过程中行为举止所应遵循的原则与规范。优雅的体态是工作人员有教养、充满自信的完美表达。客运服务人员应当留心自己的言行和举动，时时处处尊重乘客，理解乘客，言谈举止诚恳、谦和，待人接物得体，塑造出完美的职业形象。

任务一　站 姿 训 练

城市轨道交通客运服务人员基本站姿要求是：男性要体现出刚健、潇洒、英武、强壮的风采。女性要体现出柔美、轻盈、典雅的优美感。动作要领为“头正、肩平、胸挺、臂垂、腿并”。

头正：两眼平视前方，嘴微闭，收颌梗颈，表情自然，稍带微笑。

肩平：两肩平正，微微放松，稍向后下沉。

臂垂：两肩平整，两臂自然下垂，中指对准裤缝。

躯挺：胸部挺起、腹部往里收，腰部正直，臀部向内向上收紧。

腿并：两腿直立、贴紧，肌肉略有收缩感，脚跟靠拢，两脚尖向前。

一、站姿手位

（1）标准式。两臂自然下垂，五指合拢，中指对准裤缝。如图 1-71（a）所示。

（2）前腹式。五指合拢，双手交叠握于小腹前。男士抓手腕，女士两手交叠，虎口相扣。如图 1-71（b）所示。

（3）背手式。将前腹式手势叠放于体后，如图 1-71（c）所示。

（4）背垂手。一手放于体侧，一手背于体后。男士可握空心拳背手，女士则五指合拢背于体后，如图 1-71（d）所示。

(a)

(b)

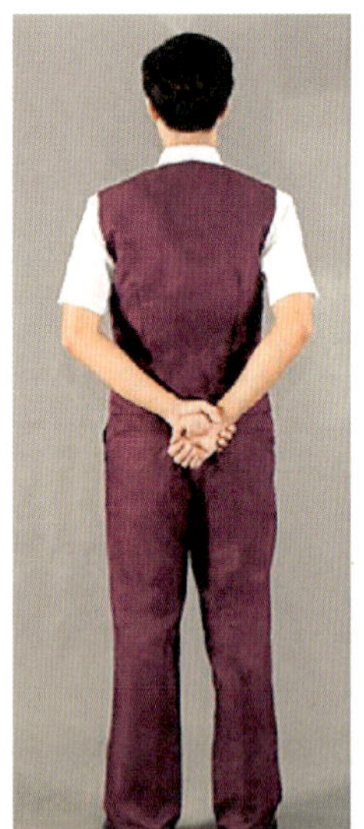

(c)

(d)

图 1-71　站姿手位展示

（a）标准式站姿手位；（b）前腹式站姿手位；（c）背手站姿手位；（d）背垂手站姿手位

二、站姿脚位

（1）V 字步。脚跟并拢，双脚脚尖呈“V”字形，两脚尖间成 45°～60°，如图 1-72（a）所示。

（2）丁字步。双脚呈“丁”字形站立，分左丁、右丁字步，如图 1-72（b）所示。

（3）平行步。男士站立时，双脚可并拢，也可叉开。叉开时，双脚与肩同宽，通常男士采用平行步脚位时，手部可采用前腹式或背手手势，如图 1-72（c）所示。

(a)

(b)

(c)

图 1-72　站姿脚位展示

（a）V 字步；（b）丁字步；（c）平行步

三、站姿禁忌

客运服务人员在站立时，要注意避免身躯歪斜、手插口袋、弯腰驼背、手叉腰、趴伏倚靠、女性叉开双腿、双手相握于背后站立等现象发生。

实训　站姿练习

实训环境：形体室。

用品：书两本。

要求：以站务岗为例，训练站姿。男生要求按规范穿着衬衫、西裤、皮鞋，女生要求按规范穿着衬衫、西裙、工作皮鞋练习。每次训练时间为 20～30min。训练前可准备舒缓的音乐，以减轻疲劳感。

练习一：双手扶把杆，双脚夹紧，双脚立踵上提。为增加夹紧的程度，两膝间可夹一本书，保持所夹书不掉落，书的厚度可逐渐减薄。停留 10s。重复练习 10 次为 1 组，共练 5 组。

这组练习能让练习者体会正确站立时腿部收紧的感觉，形成良好的腿部用力方式。对纠正“O”形腿的错误动作具有明显的效果。

练习二：让练习者按正确的站立姿态站立，头上顶一本书。双膝关节间夹一本薄厚适中的书，停留 5～10min。

通过此练习能让练习者充分体会正确身体姿态的感觉，锻炼身体的平衡与控制能力，从而练成优雅的站姿。

任务二 坐 姿 训 练

城市轨道交通客运服务人员的坐姿强调的是大方、端庄。坐姿礼仪讲究的是不同场合适用不同的坐姿，从容并且能够营造优雅、融洽的气氛，使乘客产生受尊重的感觉。

规范坐姿是：就座时，从座位左侧，右脚后撤半部，感知椅子的位置。缓慢、文雅、轻松而自然地入座。背部直立不能完全倚靠在椅背上，坐在椅面的 2/3 处即可。

离座时，应先以语言或动作向周围的人示意，收腹提气，靠腿部支撑站起，全身站稳后再迈步。

一、女士坐姿

（1）标准式。从椅子左侧走到座位前，背向椅子，右脚向后撤半步，让腿贴到椅子边缘；两膝并拢，上体稍稍前倾向下落座。如果穿的是裙装，在落座时要用双手从臀部上往下把裙子拢一下，以防止裙子打褶或走光，如图 1-73 所示。

图 1-73 女士标准式坐姿

坐下后，上体挺直，两肩平正，两臂自然弯曲，两手交叉叠放在两腿中部，压住裙口靠近小腹。两膝并拢，小腿垂直于地面，两脚并拢。

（2）屈直式。左脚前伸，右小腿屈回，膝盖靠紧，两脚前脚掌着地，并在一条直线上，如图 1-74 所示。

（3）侧点式（以右侧式为例）。两小腿向一侧斜出，两膝并拢，右脚跟靠拢左脚内侧，右脚掌和左脚尖着地，头和上体微向左倾斜。注意大小腿成 90° 角，平行斜放于一侧，双手虎口相交，轻握放在大腿中部压住裙口，如图 1-75 所示。

（4）侧挂式（以左侧挂式为例）。在侧点式的基础上，左小腿后屈，脚绷直，脚掌内侧着地，右脚提起，用脚面贴住左脚踝，膝和小腿并拢，上体转正，如图 1-76 所示。

图 1-74　女士屈直式坐姿

图 1-75　女士侧点式坐姿

图 1-76　女士侧挂式坐姿

（5）重叠式。重叠式坐姿是最能体现女性完美曲线的一种坐姿，尤其是坐在矮沙发上更是十分漂亮。一般情况下女性不跷二郎腿，但坐的时间较长并且在非正式场合可以采用此坐姿。方法是先在标准坐姿的基础上，两腿向前，将一条腿轻轻提起，轻柔地将腿窝落在一条腿的上边。当穿裙装时，动作要有所变化。先压下一条腿，用手压住裙口后将另一条腿轻轻放在压下的腿上，不要抬腿，以免走光。重叠式坐姿要求女士两小腿贴在一起，脚尖向下压，如图 1-77 所示。

(a)

(b)

图 1-77　女士重叠式坐姿示范

（a）正确；（b）错误

二、男士坐姿

（1）标准式。上身正直上挺，双肩正平，两手放在两腿或扶手上，小腿垂直于地面，两脚自然分开，与肩同宽，大腿和小腿成 90°，如图 1-78 所示。

（2）屈直式。右小腿屈回，全脚着地，左脚前伸，两脚一前一后，自然分开，双手分别放于大腿中部，如图 1-79 所示。

（3）重叠式。在标准式的基础上，将右腿抬起放在左腿上（或将左腿放在右腿上），双手自然放在架起的腿上，双腿（大腿到膝盖部分）尽量重叠，不要留出过大缝隙，也不能将腿架成“4”字，如图 1-80 所示。

三、坐姿禁忌

（1）塌腰，身体不挺直。给人感觉没有力气，没有精神，身体的重心向下，驼背并含胸。

（2）双脚叉开无控制。双腿并拢时腿部肌肉发酸，不自觉地分开。喜欢随心所欲的姿态。

（3）架“4”字形腿。将双腿一上一下交叠一起，交叠后的两腿之间缝隙过大，或者叠放在上的脚踝放在下面腿的膝盖处，没有形成一条直线。

图 1-78　男士标准式坐姿

图 1-79　男士屈直式坐姿

(a)　(b)

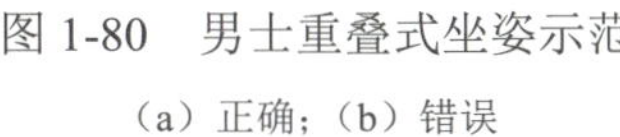

图 1-80　男士重叠式坐姿示范

（a）正确；（b）错误

（4）其他错误坐姿

1）忌讳双脚平直伸开呈叉开状，将脚尖翘起左右晃动，或把双脚缩在座椅下面。

2）忌讳架“二郎腿”时脚尖对着他人，频繁地抖动。

3）忌讳在他人面前双手抱膝或手捂小腹处。

4）忌讳脱掉鞋子或把脚露在鞋外。

5）忌讳双手交叉于脑后仰坐在工作台旁。

实训 坐姿练习

要求：两人一组，相互对照练习。或是对照镜子练习，自我纠正。

练习一：入座——坐——离座练习。

练习二：坐姿练习。要求入座后，每人头上放一本书，以保证在变换坐姿时上体直立，颈部挺直。双目平视前方，面带微笑。

任务三 蹲 姿 训 练

蹲姿是客运服务人员经常采用的动作姿态。当需要拿取低处物品、拾起落在地面上的物品时；当为小朋友或坐轮椅的乘客服务时，需要采取降低重心的方式才能完成。如果在使用蹲和屈膝动作来取拾时弯腰曲背，低头翘臀，则会给人不庄重的感觉。因此，应当注意身体姿态的控制，体现客运服务人员的文雅与礼貌。

无论是哪种蹲姿都应当遵循以下的要领：

（1）上体保持直立，下蹲时臀朝下。

（2）女士双脚要保持并拢，男士双脚可适度分开。

（3）重心放于后脚上。

（4）注意主动肌与对抗及协同肌力量的控制，以保持身体的轻盈与平衡。

一、高低式蹲姿

下蹲时左脚在前，右脚稍后，两腿靠紧向下蹲。左脚全脚着地，小腿基本垂直于地面，右脚脚跟提起，脚掌着地。右膝低于左膝，左膝内侧靠于左小腿内侧，形成左膝高右膝低的姿势。臀部向下，以右腿支撑身体。男士选用这种蹲姿时，两腿间可有适当距离，如图 1-81 所示。

(a)

(b)

图 1-81 高低式蹲姿示意图

（a）女士高低式蹲姿；（b）男士高低式蹲姿

二、交叉式蹲姿

下蹲时右脚在前，左脚在后，右小腿垂直于地面，全脚着地。左腿在后与右腿交叉重叠，左膝由后面伸向右侧，左脚跟抬起脚掌着地。两腿前后靠紧，合力支撑身体。臀部向下，上身稍前倾，如图 1-82 所示。女性工作人员穿裙装可以选择该种蹲姿。

图 1-82　女士交叉式蹲姿

三、蹲姿禁忌

（1）含胸，体前倾。下蹲时上半身无控制，姿态比较放松，双肩没有向后展开，腰部没有直立，没有挺胸的动作。

（2）双脚无控制。没有掌握正确的姿态要领，蹲下时膝盖没有并拢，双腿无控制没有夹紧，下半身的姿态松散，造成双脚分开的错误动作。

（3）下蹲时臀朝后。在下蹲过程中，先强调低头、弯腰翘臀的动作，致使下蹲时出现重心前移的错误动作。因此，在下蹲的过程中应保持臀部向下的姿态，做到有控制地下移重心。蹲下后，两腿有控制并合；用力支撑身体，身体直立垂直于地面。

实训　蹲姿练习

学生分为乘客组和服务组进行练习，各组设计服务情境，练习蹲姿。

工作情境有：

（1）为乘客拣拾掉在地上的车票或物品；

（2）劝慰小朋友，或帮小朋友系鞋带；

（3）与乘坐轮椅的乘客说话；

（4）安抚因身体不适，坐在候车椅的乘客。

任务四 行 姿 训 练

行姿，即走姿，往往可以显示出客运服务人员的身体状况、精神风貌和性格。

一、行走基本要领

行走时，目光平视，头正颈直，挺胸收腹，重心向前，两臂自然下垂前后摆动（30°～40°），手自然弯曲。行走时身体重心略向前倾，重心落在行进于前边的脚掌；走直线、脚跟先着地；步幅适度，女士一般在30cm左右，男士在40cm左右；步速平稳，勿忽快忽慢，如图1-83所示。

图1-83 行走基本要领示意图

二、行走禁忌

（1）步位不正。行走时步位不正就会出现“内八字”或“外八字”的错误动作。

（2）行走发力顺序错误。走步是否协调主要表现在臂和腿的配合上，行走时肢体发力顺序错误就会导致“脚蹭地走”、“小学生的摆臂”。

（3）重心不及时前移。行走时前脚跟先着地应迅速地过渡到前脚掌，同时重心应前移至前脚，只有重心移动明确时，行走才轻盈。若行走时重心前移不及时，而落至两脚中间时，就会出现“坐着走”的错误动作。

（4）其他禁忌。

1）身体乱摇乱摆，晃肩、扭臀。

2）行走方向不定，到处张望。

3）多人行走时，勾肩搭背，大呼小叫。

4）弯腰驼背行走。

实训　行姿练习

按照行走的方向，行姿可分为以下三种：

（1）前行式行姿：直立前行。

（2）后退式行姿：与他人告别时，应先后退两三步，在转身离去。

（3）侧身式行姿：引导他人前行或在较窄的地方与他人相遇时，要采用侧身式走姿。

练习要求：两人一组，分别扮演乘客和服务人员，进行以上三种行姿训练。

任务五　服务手势训练

服务手势是城市轨道交通客运服务人员工作中运用得最多的一个身体体态语言。无论着装如何规范，服务语言如何亲切，在与乘客交流时用一根手指戳戳点点，职业形象顿时大打折扣。因此，恰当的手势语言，可以增加语言的说服力，甚至能表达语言无法表达的思想内涵。

1. 横摆式

手掌自然伸直，五指并拢，手心斜上，肘微弯曲，手掌、手腕和小臂成一条直线。以肘关节为轴，手从腹前抬起向右（或左）摆至身体右（或左）前方，女性服务人员可站丁字步，另一只手下垂、背于体后或放于腹前。注视乘客，面带微笑，表现出对乘客的尊重和欢迎。在表示“请”、“请进”时常用，如图 1-84（a）所示。

2. 直臂式

将一只手的五指并拢，手掌伸直，屈肘从身前抬起，向指引的方向摆去，摆到与肩同高，肘关节基本伸直，掌心朝向正前方。常用于为乘客指引方向。当制止乘客抢上时，也可使用直臂式引导手势，此时，掌心向下，如图 1-84（b）所示。

3. 斜摆式

斜摆式分为斜上、斜下两个方向。将一只手先从身体一侧抬起，高于腰部后，再向下摆去，掌心向前，用于请乘客就座时，手指应朝向座位的地方，如图 1-84（c）所示。也可将一只手向上摆，与头顶同高，手指合拢，掌心向前，常用于指引乘客上楼或看行李架等高处的物品，如图 1-84（d）所示。

4. 双臂式

两手从腹前抬起，双手上下重叠，手心向侧上，向身体两侧摆动，摆至身体的侧前方，上身稍前倾，微笑施礼向乘客致意，然后退到一侧。常用于向较多乘客说“请”时，如图 1-84（e）所示。

实训　引导手势练习

分为两组，即乘客组与服务组。自由设计场景进行引导手势练习。

要求：客运服务人员运用四种服务手势进行服务。在场景练习中，所有表演者要注意各自的仪态规范，可以用摄像机拍摄下来，供大家回放纠正。

(a)  (b)  (c)

(d)  (e)

图 1-84 服务手势

（a）横摆式手势；（b）直臂式手势；（c）斜摆式手势（斜下）；（d）斜摆式手势（斜上）；（e）双臂式手势

任务六 敬 礼 训 练

城市轨道交通客运服务人员在进行站车交接或交接班时，需要相互敬礼。具体要求是：当对方处在静态时，相距 2m 立正敬礼；当对方行走时，与对方相距 4m 处立正敬礼。敬礼时右手五指并拢向内上方举手至帽沿处，小臂成 45° 角，如图 1-85 所示。

实训 敬礼练习

结合动作规范，两人一组训练敬礼动作。

要求：手、表情、站姿、语言配合协调、自然大方。

图 1-85　敬礼示范

任务七　递接礼训练

在递接、递送物品时，要按照“双手递接、方便拿取、递到手中、尖刃，向内”的原则，优雅规范的手势需要与目光和身体语汇相配合。递接物品时，应该面带微笑，身体略微前倾，以表示对乘客的尊重。

1. 递物

递物时，面带微笑，目视对方，双手将物品递到对方手中。递物时要考虑对方是否方便接拿。递送文字材料时，字体正面应朝向对方，对方接过后便可直接翻阅，如图 1-86 所示。

图 1-86　递送文字材料动作示范

在递笔时，应尽量使用双手，且笔尖不能指向乘客。递送前考虑好如何能让乘客“接过马上用”，如图 1-87 所示。在递送剪刀、刀等锋利或尖锐物品时，除使用双手外，还要将物品的手柄或是易于对方接拿的一端朝向对方，将方便留给乘客，并在递送前用语言提醒：“剪刀锋利，请小心”，如图 1-88 所示。

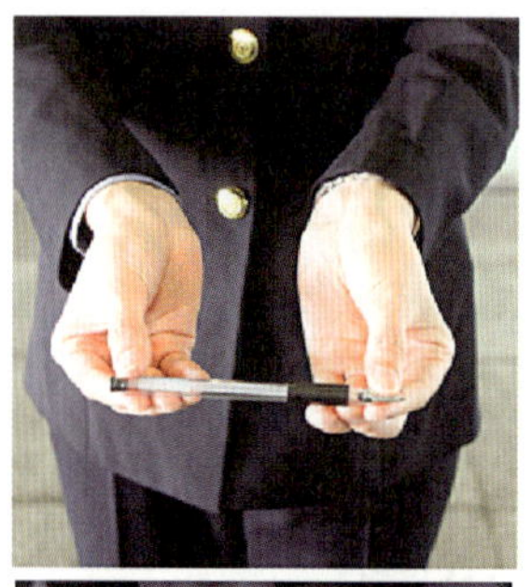

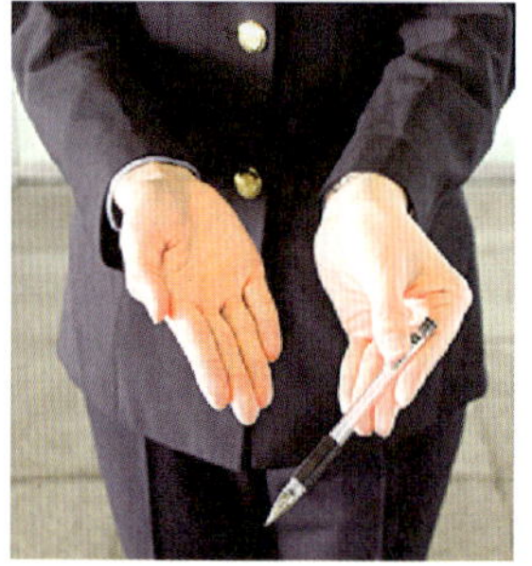

图 1-87 递笔动作示范

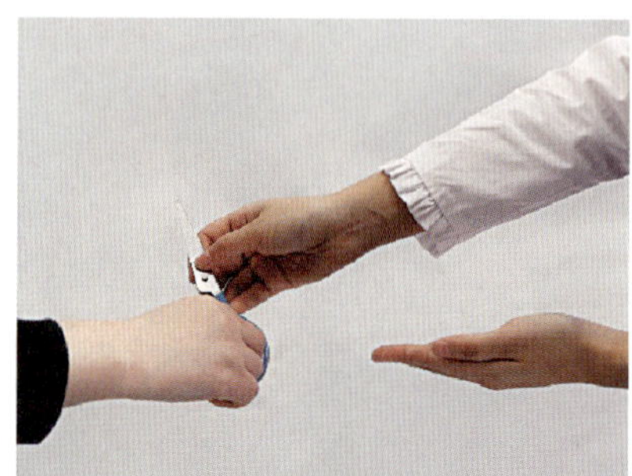

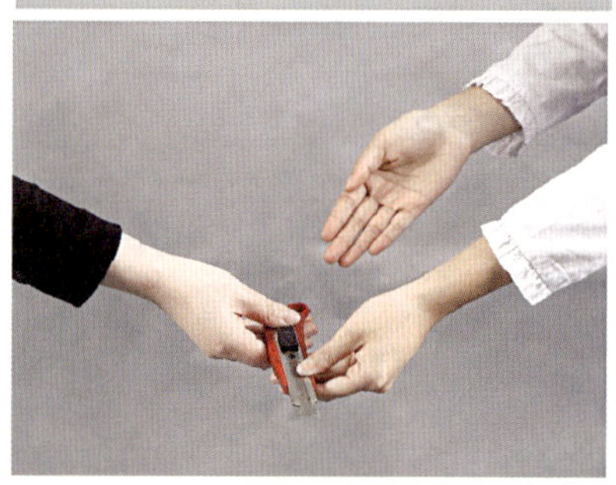

图 1-88 递送小刀、剪刀动作示范

2. 接物

接取乘客递送的物品时，需目视对方，不能只注视物品。必要时，应起身站立，主动走上前或前倾身体表达出“主动”的意愿，然后用双手接取，并道谢。如果是小的物品，最好用一只手垫在另一只手下面接住。

知识拓展

展示、介绍物品及名片礼仪

一、展示、介绍物品

要将被展示的物品正面朝向对方，举至适宜高度。物品在身体一侧，不挡住展示者的头部，将物品举至双臂横伸、由肩至肘的距离，高不过眼，低不过胸部，给人以安全稳定感，便于他人看清物品。展示物品时，应把大拇指稍稍向内弯曲，其余四指轻轻并拢，不应张开手指，也不能跷起大拇指。当四周皆有观者时，展示物品还需变换不同角度，如图 1-89 所示。

图 1-89 展示物品

二、名片礼仪

一张小小的名牌，承载着许多信息。它不但能介绍自己，也能很快地助你与对方熟悉。个人的名字、工作单位、职务等，甚至个人爱好都能在一张小小的名牌中显示出来。名片的根本作用是“传递信息”，但是名片递得不好会得罪人。在递送名片时要注意以下几点：

（1）将名片放在容易拿出的地方，以便需要时迅速掏出。

（2）递送名片要讲究场合和时机。一般在公务场合、社交场合、初次见面的场合递交名片。

（3）递名片讲究“奉”，即奉送之意，要表现虔诚、恭敬。递送名片时，需双手食指和大拇指分别夹住名片左右两端奉上。

（4）递送名片时，应将文字正向对方，倒向自己。

（5）递送顺序一般按“尊者优先”、“由近至远”、“顺时针”的顺序。

（6）尽量记住对方名片上的头衔和内容，在沟通中需主动称呼对方职务、职称及相关信息。

（7）会议中，可以将对方名片放在桌上笔记本的旁边，以做提示，会议结束后，应慎重地把对方名片放进皮夹或名片夹收藏好。

容易出现的八种问题有：

（1）涂改名片。

（2）单手递送单手接。

（3）从洗手间出来，满手是水就接名片。

（4）将对方的名片遗忘在桌上或是将对方的名片收于后裤袋。

（5）名片准备不足，到最后的几位已无名片可给。

（6）一群人，尊者在最后面，扒开人群递到尊者手上。

（7）名片只递给自认为重要的人。

（8）遇到名片上的生僻字，不请教，反而不懂装懂，错读对方名字或信息。

图 1-90　不礼貌的名片递接与收藏

实训　递接练习

两人一组进行练习。

一、无实物递接

双方面对面站好，结合站姿、蹲姿，进行实物递接练习。

二、实物递接

使用书、笔、剪刀、小刀、书、名片、茶杯等进行实物递接练习。

任务八 见面礼训练

打招呼或寒暄是客运服务人员与乘客间、与同事间相互表示友好问候的基本方式。上下班或与乘客交往时都不妨适度的打招呼。在办公区与同事擦身而过时，自己主动地与对方打招呼或寒暄，无疑更能拉近彼此的关系，也为自己增加好心情。

图 1-91 面带微笑

无论以哪种方式打招呼，都应该保持微笑。微笑本身就是一种打招呼的方式。打招呼时面带微笑，这样才会给人真诚的感觉，而不是敷衍了事。不要刻意去在意微笑时需要露几颗牙，只要面带笑意，是否露齿都没关系。与人打招呼时要身体面向对方，看着对方的眼睛。如果正在走路，应该停下脚步打招呼；如果是在工作，则应暂停手边的工作，向对方示好，如图 1-91 所示。

在跟同事打招呼时，如果能做到随时随地的问候，会大大提升人气。除此之外，“主动出声”是打招呼的必杀技。这所传递出来的信息是：“我眼里有你。”试问，谁不喜欢自己被别人尊重和在意呢？这也说明“主动出声者”拥有宽广的胸怀和积极的人生态度。因此，见到上级与同事时，应主动问候：“您好！小张”，“您好！陈主任”，“近来可好呀？”至于接下来的话题那就顺其自然吧。

见面问候的方式多种多样，可以是微笑、点头、握手、挥手、拥抱等。在职场，应当根据当时的具体情况来决定问候的方式。

一、点头礼

点头致意是城市轨道交通客运服务人员向乘客问候或打招呼时运用得最多的一种方式，在行点头礼时一定要看着对方的眼睛，接着含笑低下头，面带微笑。点头礼不仅仅是头部的动作，要配合目光和微笑，才能起到良好的沟通作用，如图 1-92（a）所示。

当目光与乘客相对时，或距离乘客 3～5m 时，应主动采用点头礼进行问候致意。与乘客在电梯、楼梯间比较狭小的空间或与乘客相遇的瞬间，可采用点头致意来向乘客表示问候。

二、挥手礼

当向远距离的人打招呼，或向乘客告别时，可行挥手礼。行礼时，标准式站姿姿态，右手伸出，右胳膊伸直高举至与头顶齐高，掌心朝着对方，手腕轻轻摆动；目光注视对方，面带微笑，如图 1-92（b）所示。

三、鞠躬礼

鞠躬礼源于中国商代，是对他人表示敬佩的一种礼节方式。城市轨道交通客运服务人员向乘客表示欢迎和感谢时，常行鞠躬礼。鞠躬的角度、表情和姿势最能体现服务人员的修养，服务人员应该从心底发出向对方表示感谢和尊重的意念，从而体现在行动上，给对方留下诚恳、真实的印象。

行礼时面对乘客，头、身体自然前倾，低头要比抬头慢；双脚并拢，膝盖收紧；视线由对方脸上落至自己1～2m处，女士手部放于前腹，男士放于体侧，如图1-92（c）所示。

(a)

(b)

(c)

图1-92　见面礼展示

（a）点头礼；（b）挥手礼；（c）鞠躬礼

鞠躬礼一般有三种幅度，15° 表示致意，迎送乘客时使用。30° 表示向乘客敬礼，可用于问候长者或重要客人，还可以用于表示感谢。45° 或 90° 表示深度敬礼，常用于致歉。

受礼者在还礼时，可以不鞠躬，欠身点头即可。

行鞠躬礼时易出现的错误：

（1）鞠躬时弓腰，向前伸脖子。

（2）鞠躬时要注意如若戴着帽子，应将帽子摘下，因为戴帽子鞠躬既不礼貌，也容易滑落，使自己处于尴尬境地。

（3）鞠躬时目光应向下看，表示一种谦虚的态度，不要一面鞠躬，一面试图翻起眼睛看对方。

四、握手礼

握手礼是当今世界通用的见面问候礼，也是人们日常交往中最常使用的一种见面礼，可以表达欢迎、祝贺、感谢、友好、慰问、尊重、致歉、惜别等多重情感。在服务乘客的过程中，除了“点头礼”、“鞠躬礼”外，应该视乘客的身份不同和乘客的实际情况，使用“握手礼”。切不可滥用。

握手时使用右手，四指并拢，手掌与地面垂直，拇指伸开，掌心向内，手的高度大与对方腰部上方持平，彼此之间保持一步左右的距离，两足立正，上身略微前倾，注视对方，面带微笑，轻轻上下摇动3～4下，握手时间控制在3～5s；力度适中，不宜过大、过轻；握手时还需要说“您好”、“很高兴见到您”之类的寒暄语。握手时，尤其是异性之间，单手相握即可，不可再触碰对方的身体的任意部位，如图1-93所示。握手时，不可一手插口袋一手与他人相握；手上有伤口时要及时包扎；当手湿或手上有暴露的伤口以及患湿疹等皮肤病时，向对方说明原因，以点头寒暄等其他见面礼代替握手。

(a)

(b)

图 1-93 握手礼

（a）正确；（b）错误

握手时常见的错误有：

（1）用左手，滥用双手。

（2）交叉握手。

（3）掌心向下压。

（4）用力过度。

（5）与他人握手，尤其是与于阿拉伯人、印度人打交道时要牢记使用左手。

（6）握手时争先恐后，而应当遵守秩序。特别要记住，与基督教信徒交往时，要避免两人握手时与另外两人相握的手形成交叉状，这类似十字架，对基督教信徒是很不吉利的。

（7）握手时戴着墨镜，只有患有眼疾或眼部有缺陷者才能例外。

（8）握手时将另外一只手放在衣袋里。

（9）握手时另外一只手依旧拿着香烟、报刊、公文包、行李等东西而不肯放下。

（10）握手时长篇大论，点头哈腰，滥用热情，显得过分客套，让对方不自在、不舒服。

（11）握手时把对方的手拉过来、推过去，或者上下左右抖个没完。

（12）在与他人握手之后，立即揩拭自己的手掌，好像与对方握一下手就会使自己受到感染似的。

实训 问候礼练习

5～6 人一组练习。

（1）独立练习动作后，两人一小组，互练互评。

（2）分角色练习。挑选 1～2 组不同的身份，如长辈与晚辈、职位高者与职位低者，主人与客人，两对夫妻见面等，自编自演情景短剧。短剧要求包含平常工作、生活中常用的见面问候礼。尤其注意握手时的先后顺序。

思维导图

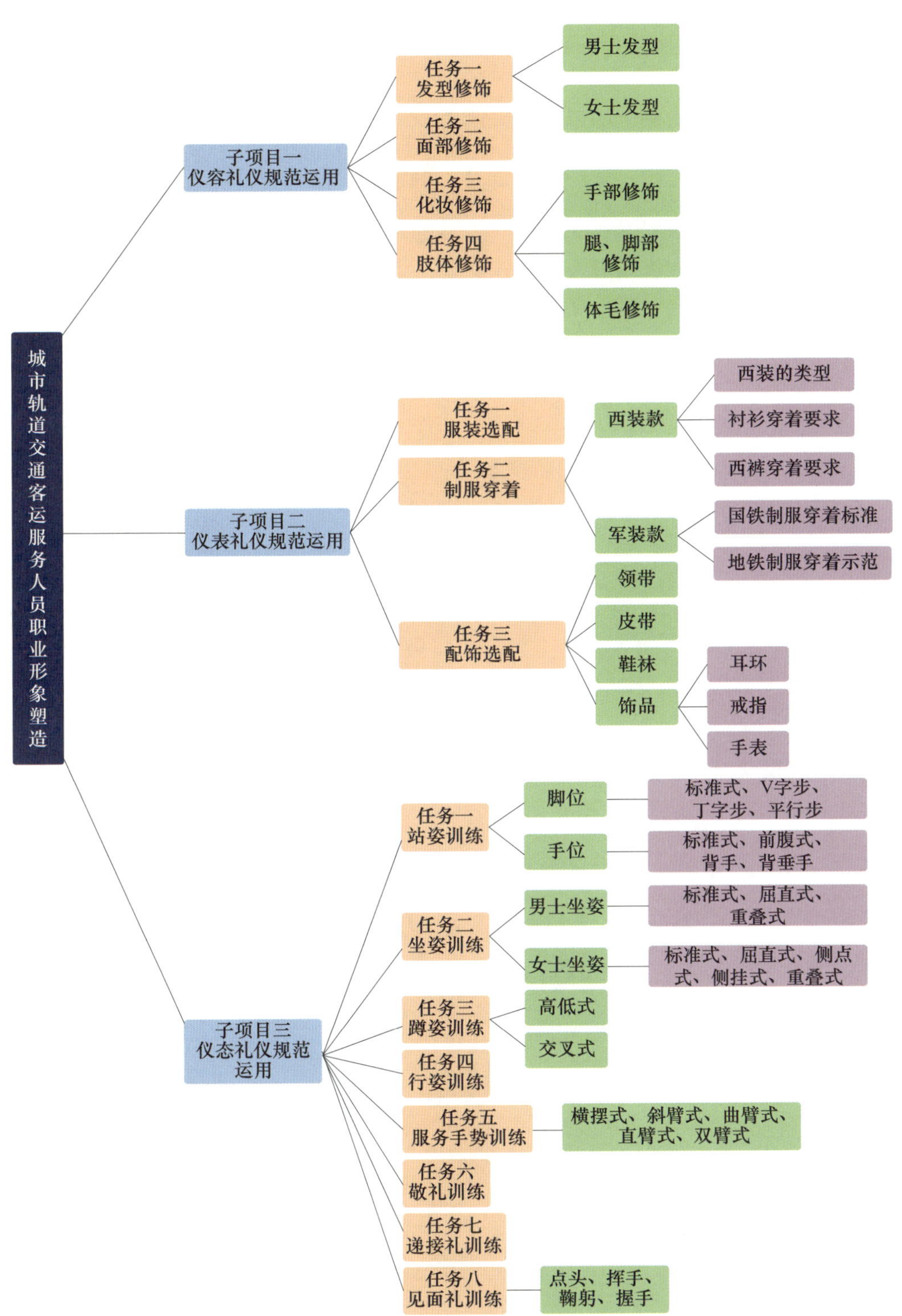
城市轨道交通客运服务人员职业形象塑造
子项目一 仪容礼仪规范运用
任务一 发型修饰
男士发型
女士发型
任务二 面部修饰
任务三 化妆修饰
任务四 肢体修饰
手部修饰
腿、脚部修饰
体毛修饰
子项目二 仪表礼仪规范运用
任务一 服装选配
任务二 制服穿着
西装款
西装的类型
衬衫穿着要求
西裤穿着要求
军装款
国铁制服穿着标准
地铁制服穿着示范
任务三 配饰选配
领带
皮带
鞋袜
饰品
耳环
戒指
手表
子项目三 仪态礼仪规范运用
任务一 站姿训练
脚位
标准式、V字步、丁字步、平行步
手位
标准式、前腹式、背手、背垂手
任务二 坐姿训练
男士坐姿
标准式、屈直式、重叠式
女士坐姿
标准式、屈直式、侧点式、侧挂式、重叠式
任务三 蹲姿训练
高低式
交叉式
任务四 行姿训练
任务五 服务手势训练
横摆式、斜臂式、曲臂式、直臂式、双臂式
任务六 敬礼训练
任务七 递接礼训练
任务八 见面礼训练
点头、挥手、鞠躬、握手

思考与练习

一、填空题

1. 客运服务人员常用的引导手势包括（　　）、（　　）、（　　）、（　　）、（　　）五种。

2. 黑眼圈用（　　）颜色的遮瑕膏来遮盖。

二、判断题

1. 佩戴手表时，应遵循“男左女右”的原则。（　　）

2. 男士穿黑皮鞋应该配深色的袜子，以黑色为最佳。（　　）

3. 在递送物品时，应该把尖刃向外。（　　）

4. 长辈与晚辈需要握手时，理应由晚辈先伸手，以示恭敬。（　　）

项目二　车站服务礼仪规范运用

课前阅读

站台上，一位青年乘客在安全线外候车时聚精会神地看着手机。列车进站了，在听到了屏蔽门和车门滑开的声音后，他连头也没抬，抬脚就往前走。不凑巧的是，在他面前的屏蔽门因为故障并没有打开，他重重地撞在了屏蔽门上。只听“唉哟”一声，这位乘客一边捂着头一边蹲了下来。站在他身边的站务员小张看到后，忍不住笑出声来。尽管小张立马发现了自己的失态之举，对受伤乘客加以照顾，但还是遭到受伤乘客的投诉。

学习目标

1. 了解城轨车站客运岗位组成，熟悉岗位服务流程；
2. 掌握岗位服务标准以及要点细节，并能熟练运用，为乘客提供高效、优质服务。

车站是城市轨道交通路网中重要的建筑物，是供乘客乘降、换乘和候车的场所。必须保证乘客使用方便，安全，迅速地进出车站，并有良好的通风，照明，卫生，防火设备等，给乘客提供舒适，清洁的候乘环境。

城市轨道交通车站客运工作人员是在车站为乘客提供服务、保障安全的工作人员，其主要工作职责是对车站乘客购票、乘降、出站的安全、服务所承担的责任。下面按票务服务、站厅服务、站台服务分别进行服务礼仪要点梳理。

任务一　上岗前整备

上岗前，客运工作人员必须按照公司相关规定检查仪容仪表，如图 2-1 所示。面部及手部保持清洁，指甲修剪平整，男性不留指甲，女性指甲长度不超过指沿 2mm，身体外露部分无纹身。女性淡妆上岗，保持妆容完整自然，不佩戴彩色美瞳或贴假睫毛。勤洗手，随时保持手部清洁；不染彩色指甲油，不做假指甲。头发干净整齐，发色自然，不留奇异发型，长短适中，修饰得当。接班前，不吃异味或重口味的食物。

规范穿着制服，制服干净平整，衬衣束在外裤里。佩戴标志要清洁平整，肩章佩戴于肩上，工号牌佩戴于衣服左口袋上方，工号牌的下边沿与衣服左口袋的口袋盖上沿齐平，工号牌的左边边缘与口袋的左边沿对齐，团徽（党徽）佩戴于工号牌的中上方；按规定佩戴制帽的，在执行职务时戴上制帽，帽徽在制帽折沿上方正中（因全国各轨道交通企业制服穿着标准不同，此标准只为事例。）

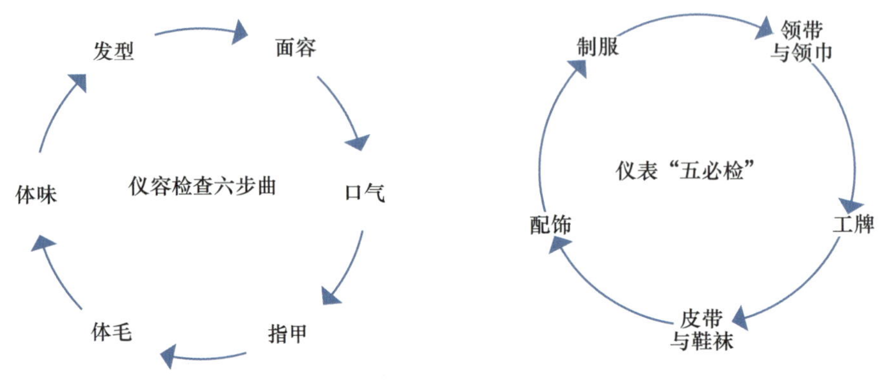

图 2-1 上岗前仪容仪表检查要点

到岗后，按各岗位作业标准进行对岗接班。接班时，快速准确，保持安静，切勿喧哗。

车站客运服务人员在岗时要注意举止大方得体，彬彬有礼。提倡使用引导手势，勿用单指指引；不挤眉弄眼或愁眉不展，不含胸驼背，勿叉腰劈腿。切不可在乘客面前揉眼睛、掏耳朵、抠鼻子、剔牙齿、吸烟、吃东西或随地吐痰。如要打哈欠或打喷嚏时，需避开乘客。车站客运服务人员要不断提高自我控制能力，养成良好的行为举止习惯。

一、行为举止标准

（1）在岗时要精神饱满，举止大方，行为端正。不得将个人情绪带到工作上，不得剪指甲、打哈欠及伸懒腰等。

（2）专心认真工作，不准在岗位上聊天、说笑、追逐打闹或做与岗位工作无关的事，如看书、看报、吃东西、会客、打私话、玩手机等。

（3）在岗时，应站姿挺拔、双手自然下垂、两腿并拢，不得背手、抱拳、玩手指、手插进口袋或手搭在物品上、倚靠墙柱等；坐着时身体要端正、挺胸、腰不得背靠椅背，不得斜躺、抖腿、用手托腮或趴在桌面上，做到“站有站相，坐有坐姿”。

（4）回答乘客问询时，要耐心有礼，面带微笑。不得不理睬，不得边走边回答，不得边工作边回答，也不得以摇头、点头等方式回答乘客，应站立或停下手中工作认真回答（如工作确实无法终止应请乘客稍等，并在工作后第一时间回答）。对自己无法回答的询问，应请教同事，不得给乘客误导，不得互相推诿。对违反地铁有关规定的乘客应采用解释、引导、委婉的语言，尽量站在乘客的角度解释是从乘客安全、利益的角度出发，严禁呵斥乘客，或是使用推、拉、扯、拽不文明手势等行为。

（5）当与乘客有视线接触时，应点头微笑以示尊敬。

服务时需使用普通话，表达准确，口齿清晰。当乘客使用当地方言时，客运服务人员也可以使用方言服务。当服务语言表达规范、准确。

消费者走进商场，会发现身边的服务人员主动招呼并问候，询问是否需要帮助；当在饭店用餐时，服务员客气的招呼、倒茶服务以求得客人的满意；离开酒店时，与服务人员热情地道别，是希望客人能再次光临。这些都是服务业最基本的礼仪要求。车站服务工作承担着服务乘客、展示企业形象的重要职能。“三声服务”是所有服务行业通用的基本服务礼仪标准，是城市轨道交通客运服务人员最基本的素质要求。

1）“来有迎声”：遇到乘客咨询、求助时，做到“来有迎声”。常用问候语言有：“您好！”，“早上（下午、晚上）好！”，“请问有什么需要？”，“欢迎您乘车！”等。

2）“问有答声”：在服务过程中，对乘客提出的任何问题，做到接待乘客热心，解答问事耐心，接受意见虚心，工作认真细心。及时、准确、耐心地为其解答。即使暂时解答不了，也应遵循“首问负责制”，指引到相应岗位，并做好解释工作，直到把问题解决。

3）“走有送声”：在乘客离开时，向乘客道别。“再见！”，“您慢走！”等。

二、服务语言标准

（1）与乘客交谈或使用人工广播时，都应使用十字文明服务用语：“您好、请、谢谢、对不起、再见”等。

（2）与乘客交谈、迎送或使用人工广播时，要采用得体的称谓语。一般场合使用较为通用的称呼，如乘客、女士、先生、同志等；如果想要让对方感觉亲切时，可以使用近似血缘亲的称呼，如大姐、大哥、大妈、大爷等。不得使用“喂”、“嘿”、“哎”、“那位”等不礼貌用语称呼乘客。如果是熟悉的乘客或是服务过程中已经确知了乘客的身份，称呼时可更具针对性，如老师、医生、律师等。一个简单的称呼能让乘客感受到专属服务的尊重。

（3）回答乘客问题或使用人工广播时，应语调沉稳、语气舒缓、吐字清晰、声音圆润、语速适中、音量适宜，避免声音刺耳或使乘客惊慌。

（4）处理违章事宜要态度和蔼、得理让人，不得讲斗气、噎人、训斥、顶撞、过头及不在理的话。

（5）严格遵守各岗位特殊语言要求，如票厅岗兑零时应按规定语言唱票。

（6）遇到确实不清楚的疑难问题，切忌不懂装懂，以免闹出笑话或是耽误了乘客的时间。应该诚挚地向乘客表示歉意，请乘客稍候，然后迅速查阅有关资料或向有关部门、人员请教，再给乘客以满意的答复。如果当时就能答复乘客的，就不要随意推给别人。任何情况下，都不得讽刺、挖苦和讥笑乘客。

实训　岗前整备场景练习

5～6人一组，模拟召开接班班组会。

要求：

1. 全组成员按仪容、仪表标准进行自检和互检。
2. 统一进行站、行、蹲、引导手势、递交礼、问候礼、鞠躬礼练习。
3. 挑选一位值班员，负责上岗前抽考班组成员行为举止标准、服务语言标准。

任务二　站　厅　服　务

站厅服务是车站服务工作中的重要环节，这其中蕴藏着许多服务细节。在站厅巡视的客运服务人员可能是乘客在车站遇到的第一位工作人员，对企业形象的“首因效应”也在此刻产生。

站厅岗岗位的服务职责通常包括十个方面：

图 2-2 闸机前引导服务

（1）不断巡视站厅设备、扶梯的运行、乘客进出站情况等，并根据乘客需要及时提供协助。

（2）回答乘客询问，解决乘客问题。

（3）引导车票有问题的乘客到售票处。

（4）负责站厅边门的管理。

（5）积极疏导乘客，要特别注意突发大客流堵塞通道等特殊情况。

（6）当乘客对使用车站自动售票系统有困难时，应热情耐心地给乘客示范，并回答乘客问题。

（7）发现乘客携带“三品”、宠物、超长、超重物品进站乘车时应礼貌地制止，并解释相关规定。

（8）厅巡人员应时刻留意乘客排队人数，及时向站长（或值班站长）汇报票亭（客服中心）、临时票亭和 TVM 前乘客排队的人数，以便站长（或值班站长）决策。

（9）积极引导进、出站乘客到乘客较少的票务中心、自动售票机、闸机等处购票、进（出）站，如图 2-2 所示。

（10）负责监督工作区域内的卫生情况，发现问题，立即整改。

站务工作人员在站厅巡视时，注意收腹提气，环视站厅的目光要聚焦，以显示出工作人员饱满的精神状态。否则目空一切，走路驼背拖地，会给乘客留下不够专业、精神不济、做事拖沓的不良印象。

站厅巡视时要多看、多听、多巡、多引导。观察有无异常情况，看有无需要帮助的情况和需要处理的设备故障；多听乘客对服务的意见、建议；多走动、巡视了解站厅客流情况；引导乘客到临时票务中心及乘客较少的一端购票乘车。

站厅人多嘈杂，乘客身份较复杂，站务人员要细心观察，“投其所好”，以礼相待，让乘客产生信赖和赞赏的良好感受。在巡视时，对表现出有困难或疑难的乘客，工作人员要主动上前服务。进行引导时，如果是面对面交流，注意与乘客之间的距离保持在 60cm 的距离，尤其是异性之间，最好不要侵入乘客的私人区域，如图 2-3 所示。如果是并排站立，也需要与乘客保持至少 30cm 的距离，说话时，侧身站立，脸侧向乘客。做到“百问不厌，有问必答，准确回答”。使用引导手势进行方向的指引，如图 2-4 所示。

图 2-3　不侵入旅客的“私人距离”

图 2-4　引导手势指引方向示范

当发现乘客蹲姿候车时，常用的劝导语是：“女士（先生），您好，如果您有需要，可以去候车椅坐着等车。谢谢您的合作。”对乘客进行劝导时，要注意声音温和，态度和蔼亲切，口气婉转，使用“请”、“对不起”、“谢谢”等文明用语。注意观察乘客的表情与肢体语言，对不同类型的乘客要有的放矢地进行劝导，如图 2-5 所示。不得与乘客争辩，更不能使用粗言秽语；未得到乘客同意时，不得触碰乘客的身体。如遇到态度强硬不配合工作的乘客，可以请警务人员协助劝导。

图 2-5　文明劝导乘客

在进行巡视时，注意步幅适中，勿含胸塌腰，抱膀叉腰，如图 2-6 所示，脚步轻盈平稳，避免“内八字”或“外八字”。工作人员不得三五成群、扎堆聊天，更不能用对讲机聊工作以外的事，或东游西逛，给乘客留下“游手好闲”的不良印象。

图 2-6 抱膀叉腰

知识拓展

轨道交通乘车违禁品

一、地铁乘客乘车违禁品

“三品”是指易燃易爆有毒危险品。携带“三品”进站对地铁运营安全会构成重大安全隐患。可能引发爆炸、火灾以及其他危害人身安全的事件。

具体包括以下 10 大类化学危险品：

（1）易爆品，如雷管、导火索、炸药、鞭炮、烟花、发令纸（打火纸）等。

（2）易燃物品，如汽油、煤油、酒精、松节油、油漆等。

（3）易燃固体，如硫黄、油布及其制品等。

（4）压缩气体类，如打火机气体、液化石油气等。

（5）自燃物品，如黄磷等。

（6）毒害物品，如砒霜、敌敌畏等。

（7）腐蚀性物品，如硫酸、盐酸、臭氧水、苛性钠等。

（8）放射性物品。

（9）氧化剂物品。

（10）遇水易燃烧物品，如金属镁粉、金属钠、铝粉等。

另外，气球、宠物、禽兽、管制刀具等危险物品，严禁携带进站乘车。

二、轨道交通禁止携带的物品

（1）枪支、军用或警用械具类（含主要零部件），包括：

1）公务用枪：手枪、步枪、冲锋枪、机枪、防爆枪等。

2）民用枪：气枪、猎枪、运动枪、麻醉注射枪等。

3）其他枪支：样品枪、道具枪、发令枪、仿真枪等。

4）军械、警械：警棍等。

5）国家禁止的枪支、械具：钢珠枪、催泪枪、电击枪、电击器、防卫器等。

6）上述物品的仿制品。

（2）爆炸物品类，包括：

1）弹药：各类炮弹和子弹等。

2）爆破器材：炸药、雷管、导火索、导爆索等。

3）烟火制品：礼花弹、烟花、爆竹等。

4）上述物品的仿制品。

（3）管制刀具，包括匕首、三棱刀（包括机械加工用的三棱刮刀）、带有自锁装置的弹簧刀以及其他相类似的单刃、双刃、三棱尖刀等。

（4）易燃易爆物品，包括以燃烧、爆炸为主要特征的氢气、一氧化碳、甲烷、乙烷、丁烷、天然气、乙烯、丙烯、乙炔（溶于介质的）、液化石油气、氧气、水煤气等易燃、助燃、可燃毒性压缩气体和液化气体；汽油、煤油、柴油（闪点≤60℃）、苯、酒精、丙酮、乙醚、油漆、稀料（香蕉水、硝基漆稀释剂）、松香油及含易燃溶剂的制品等易燃液体；红磷、闪光粉、固体酒精、赛璐珞等易燃固体；黄磷（白磷）、硝化纤维片、油纸及其制品等易自燃物品；金属钾、钠、锂、碳化钙（电石）、镁铝粉等遇湿易燃物品；过氧化钠、过氧化钾、过氧化铝、过醋酸、双氧水等氧化剂和有机过氧化物；4瓶以上的白酒。

（5）毒害品，包括氰化物、汞（水银）、剧毒农药等剧毒化学品以及硒粉、苯酚、生漆等具有可燃、助燃特性的毒害品。

（6）腐蚀性物品，包括盐酸、氢氧化钠、氢氧化钾、硫酸、硝酸、蓄电池（含氢氧化钾固体或注有碱液的）等具有可燃、易燃特性的腐蚀品。

（7）放射性物品：放射性同位素等放射性物品。

（8）国家法律、法规规定的其他禁止乘客携带的物品。

实训　站厅服务场景练习

情境一：一名乘客抬着一块玻璃准备购票乘车。

演练组织：安排两位同学演练，其他同学观摩。

点评要点：服务姿态、服务语言、处理技巧。

情境二：一名乘客需要去某大学看望儿子，但不知道如何前往。

演练组织：安排两位同学演练，其他同学观摩。

点评要点：服务姿态、服务语言、引导技巧。

任务三　自动售票机购票指引服务

自动售票机（后简称TVM）设置于地铁车站非付费区，用于乘客自助购买单程票。可一次性购买多张票价相同的普通单程票。我国某些城市地铁公司的TVM还设计有为地铁专用储值卡充值的功能。

站务工作人员需要为初次使用 TVM 购票或在购票时遇到困难的乘客提供指引服务。在为乘客进行购票指引时，工作人员应站在乘客左手边（空间允许的前提下），与乘客保持适当的距离，使用引导手势按购票步骤进行指引，如图 2-7 所示。指引时，吐词清晰，语速正常。常用的服务语言有："乘客您好！请问您准备好零钱了吗？售票机只接收×元硬币以及×元、×元纸钞。""请问您去哪个车站？"当乘客不清楚要去哪个车站时，可询问乘客的目的地："请问您要去哪里呢？"当售票机退回乘客投入的钱币时，站务人员需向乘客解释："抱歉！您这张钱有点旧，售票机比较敏感，不能识别，请您换一张（枚）。"最后要提醒乘客在出票（找零）口拿取车票以及找回的零钱。原则上，不允许接受乘客的钱币帮乘客购票。

图 2-7　指引乘客使用 TVM 购票

当有乘客投诉 TVM 卡币或卡票时，应先安抚乘客情绪，如"您先不要着急，我们检查一下设备。"一般情况下，应先查看 TVM 是否显示"正常服务"，再摸出票口是否有遗留的车票或是找零。如果以上均无异常，且购票人数不多，则该机悬挂"暂停服务"告示牌，打开维修门检查交易记录，核实卡币或卡票情况，按相关规定进行"乘客事务处理"。

实训　自动售票机购票指引场景练习

情境：一位外地游客站在 TVM 前不知所措，向站务员求助。

演练组织：安排两位同学演练，其他同学观摩。

点评要点：服务姿态、服务语言、购票流程。

指引购票步骤（图 2-8）：

第一步：乘客扮演者根据导向指示找到自动售票机（TVM）。

第二步：站务工作人员上前指引乘客使用 TVM 购票。

第三步：请乘客确认购票张数。

第四步：根据所示应付金额，指引乘客投入硬币或纸币。

第五步：提醒乘客取出所购车票以及找零；未投足金额时，可按取消键退回投入的钱币。

第六步：再次确认出票（币）口没有遗留的票或钱币。

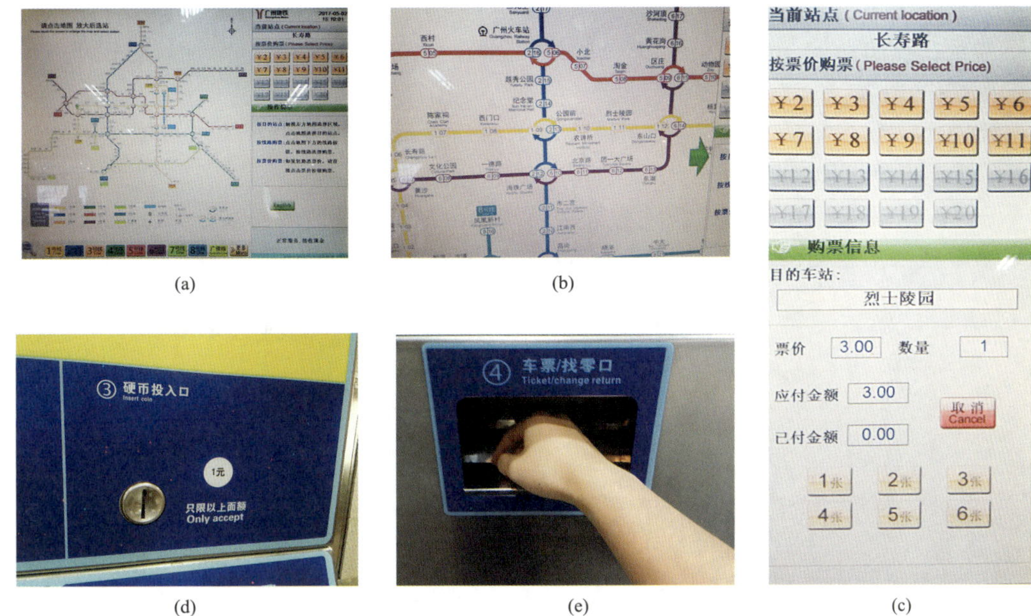

(a)　(b)　(d)　(e)　(c)

图 2-8　指引乘客使用 TVM 购票主要步骤

（a）乘客根据导向指示找到自动售票机（TVM）；（b）在屏幕上点选所要到达的车站站名（TVM 为您提供地图、线路、票价三种方式选择目的地）；（c）点击所需购买的张数；（d）根据所示应付金额，投入硬币或纸币；（e）取出所购车票及找零（未投足票款时，按取消款，TVM 返还你投入的所有购票款）

当遇到多名乘客同时求助时，根据实际情况分轻重缓急依次处理，必要时报告站控室请求支援，不得对乘客不理不睬。高峰时段厅巡人员应统一使用便携式扩音器。在客流引导时，标准式站姿站立，将扩音器置于嘴部说话即可。使用时，吐词清晰，积极主动，不得拿广播对着乘客喊话。当解答乘客问题时，建议用手捂住话筒，避免声音外传影响其他乘客；要防止话筒与扩音器太靠近而产生噪音。在进行客流引导时，勿用单指，使用直臂式及斜臂式引导手势更大方得体。

知识拓展

地铁购票方式

一、广州地铁使用自动售票机三种购票方式

TVM 可接受的支付方式包括：硬币、纸币，硬币和纸币混合。TVM 通过触摸屏接收乘客的输入信息，采用形象化的地图模式、线路模式引导用户购票。TVM 为乘客提供三种购票方式。

1. 浏览地图购票

第一步：乘客在主界面点击地图区域，地图区域放大，此时乘客可以点击站点，或通过位移按钮调整显示区域并选择站点。

第二步：选择目的地站点后，购票信息窗口将显示所到目的站点的名称、票价、数量（默认为一张）、应付金额和提示信息，乘客此时如需要修改购票数量，可直接点击购买车票数量按钮。

第三步：乘客投入购票款。

第四步：取出所购车票以及找零。未投足金额时，可按取消键退回投入的钱币。

2. 按线路购票

对于熟悉地铁线路的乘客，设计了按线路购票的方式，向乘客显示独立的线路供其选择，使得用户能够快速选择目的站点。

第一步：乘客在操作面板选择所要乘坐的线路按钮，地图区域将显示该线路地图。如果此时乘客希望采用地图浏览购票方式，可以点击地图按钮进行切换，如图 2-9 所示。

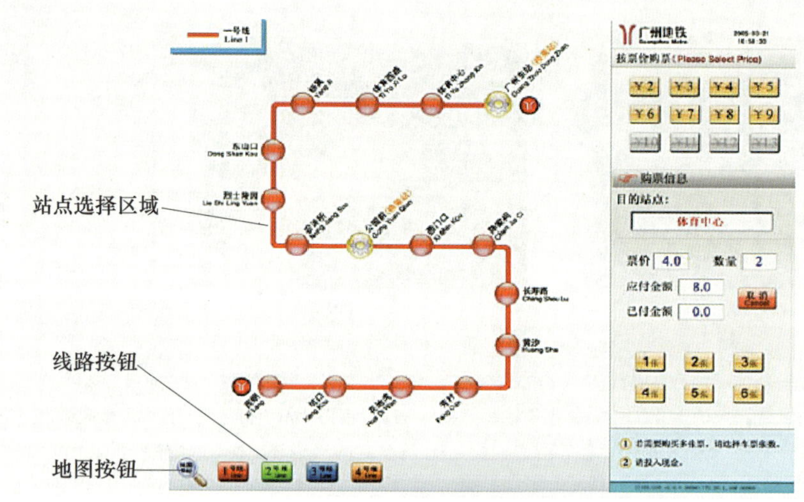

图 2-9 点击地图购票

第二步：在站点选择区域选择目的地站点后，购票信息窗口显示所到目的站点的票价、数量（默认为一张）和应付金额，此时如果要修改购票数量，可直接点击购买票数按钮。

第三步、第四步同上。

3. 按票价购票

这种方式适应于乘坐固定区域段的乘客。选择这种购票方式的乘客已经熟悉每日所乘坐的地铁票价，并有相对固定的目的站点，这种购票方式可能使乘客对操作面板的点击次数下降到一次，从而为乘客提供更为快速的购票服务。

第一步：在待购票界面直接选择单程票票价，TVM 直接显示票价所对应的站点列表，如图 2-10 所示。如果只购买一张车票，可直接进入第三步。

第二步：如果要购买多张，可直接点击购买张数按钮。

第三步、第四步同上。

二、手机支付购票

广州地铁所有车站（除 APM 线、广佛线部分车站外）均设有云购票机，实现手机线上预购单程票，或现场支付购买单程票，支持微信、支付宝支付。

1. 手机支付购票入口

（1）打开微信，通过搜索或“扫一扫”二维码［图 2-11（a）］关注公众号“广州地铁微服务”，可进入购票页面。

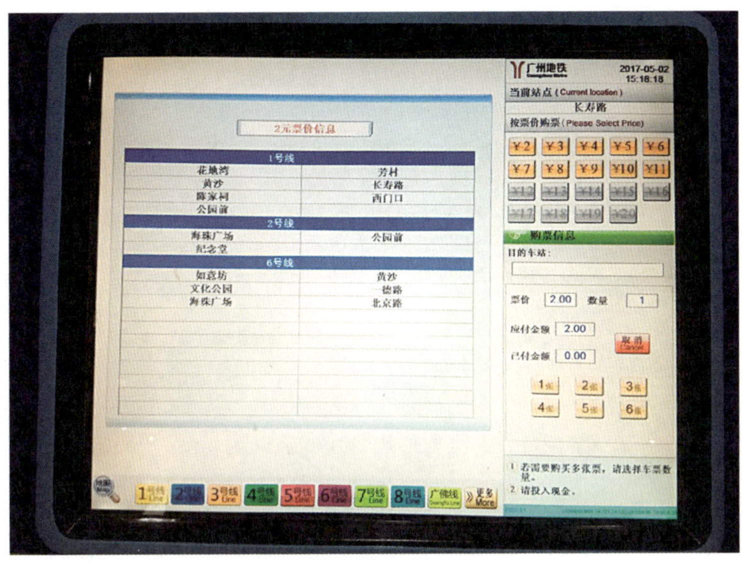

图 2-10　按票价购票

（2）手机“扫一扫”二维码［图 2-11（b）］，下载广州地铁官方 APP，进入“手机购票”注册个人信息即可购票。

（3）通过支付宝 APP 进入“地铁购票”，如图 2-11（c）所示。

(a)

(b)

图 2-11　手机支付购票入口示意图（一）

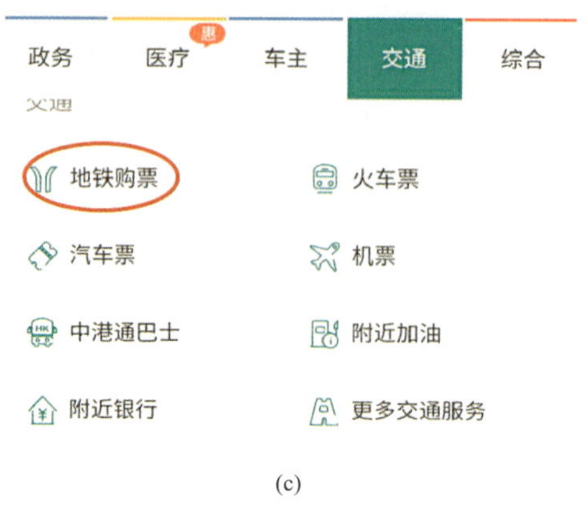

(c)

图 2-11 手机支付购票入口示意图（二）

2. 站点分布

手机购票进入选择起始站页面时，系统将显示广州地铁各线路支持手机支付购票的站点，如图 2-12 所示。

图 2-12 站点分布示意图

3. 购票取票步骤

购票取票步骤示意图如图 2-13 所示。

4. 退款说明

（1）未取票前，乘客可通过购票平台申请退款服务。逾期未取票时，系统将自动为乘客办理退款服务。

（2）已取车票没有进闸记录且票内信息能被读取，自取票之时起不超过 30min 的，乘客可以在取票站办理退票。取票 30min 后一律不办理退票。

说明：APM 线与 APM 线外的其他线路为有障碍换乘，单程票不可通用，换乘时需分别购买。

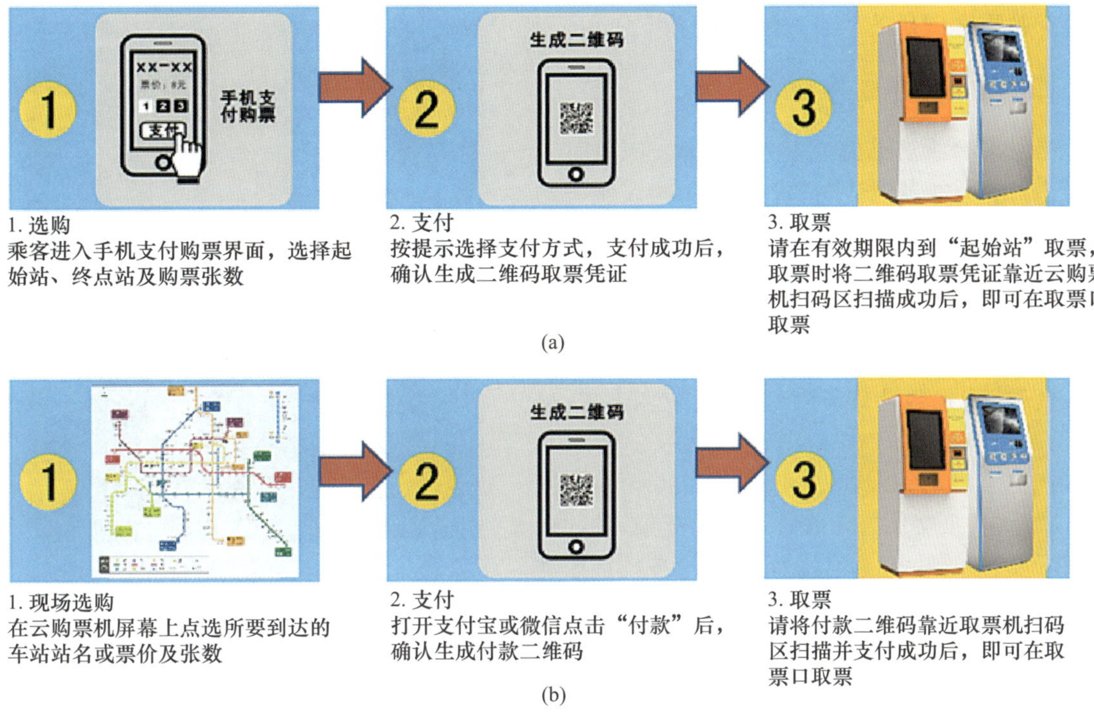

图 2-13　购票取票步骤示意图

任务四　进出闸指引服务

当乘客购买单程票后，或是持储值票的乘客都需要经过闸机检票进站。目前，国内的地铁公司常采用的有转杆闸机以及扇门闸机两种。乘客在进出闸时会出现以下十种常见状况，站务工作人员要做好相应的指引服务。

一、初次使用闸机

这类乘客多为初次乘坐地铁。站务人员需要耐心指引。常用指引语言：“乘客您好！请将车票放在验票区。”如果使用的是转杆闸机，还要在验票指引后再提醒乘客：“请您推动转杆”。进行指引服务时注意使用引导手势，如图 2-14 所示。出闸指引常用服务语言：“请右手验票，前面通道出闸”“乘客您好！请将车票投入‘投币口’后，推动转杆。”

二、误用闸门或转杆

乘客验票后，因自身原因未及时通过闸机，闸机扇门关闭或是转杆被锁。常用指引语言：“乘客您好！请您到票亭（客服中心）更新车票。”并用引导手势指向票亭（客服中心）位置。

三、闸机报警

多数是因为乘客还未验票就已靠近了闸门，闸机误认为有人非法入侵，故而报警。此时，站务人员需及时做出指引：“乘客您好！请您向后退一点再验（检）票。”提倡使用引导手势，忌用驱赶乘客向后的“赶苍蝇”式手势。

四、乘客钻闸或并闸

当发现有乘客钻闸或双人并闸时，应及时上前阻止，但不能主观认为乘客逃票。建议服务语言：“乘客您好！请您出示车票。”若乘客能出示车票且车票能正常使用，只需提醒乘客：“为了您的安全，请正常使用车票进闸。”若出示的车票异常，则指引乘客前往票亭（客服中心）进行票务处理；若乘客没有车票，需指引乘客去 TVM 购票。

图 2-14 指示闸机验票区

在出闸机遇到乘客钻闸或并闸时，一般的指引方式是：“乘客您好，请出示您的车票。”如乘客表示没有车票，向乘客进行解释：“按规定您需补全程票价，请您到票务处办理补票手续。”如果乘客出示了车票，但车票不能正常出闸，站务人员使用引导手势指引乘客前往票亭（客服中心）处理车票。

五、优惠车票与身份不符

当发现乘客违章使用特殊车票时，切忌主观认为乘客在逃票，应首先查验其使用车票：“乘客您好，请出示您的车票。”并再次提示乘客，“您是否还有另外一张车票？”以防乘客错用车票而导致误会引发投诉。如果确认乘客无其他车票，站务人员需出示执法证件并表明身份：“您好，我是地铁执法工作人员。您违章使用特殊车票的行为违反了轨道交通管理条例的第×条，按规定我们现在对您做出×××处罚/罚款，请您配合。”若乘客拒绝或故意发难，可找警务人员配合执法。

六、大件行李或婴儿车

及时在乘客未进闸时提醒乘客：“乘客您好！为了安全，请您使用阔闸机。”或“乘客您好！为了安全，请您从边门进站，进站后再刷卡。”待乘客进闸后，必须再次提醒乘客：“您的行李较多（为了孩子的安全），建议您不要走楼梯，不要使用手扶电梯，请您使用厢梯。”用引导手势指引乘客前往液压梯。

七、孩子身高超过 1.2m 未购票

因孩子身高超高未购票的劝阻带来的乘客投诉不少。一是因为目测的身高不一定准确；二是因为也有些孩子有学生票，但不愿意使用或是因为车票异常无法正常使用。站务人员看到此类情况，忌语言生硬，态度强势，忌张口就认定孩子故意逃票。如果孩子明显超过 1.2m，建议先阻止孩子进、出闸：“小朋友，请你出示一下车票。”无法出示车票的，用引导手势指引补票。如果能出示学生票，则指引验票出闸。对于车票异常的，同样使用引导手势指引前往票亭（客服中心）进行处理。对于拿不准孩子身高的，建议做法：“乘客您好！请您带孩

子来测量一下身高。”并鼓励孩子，“小朋友，你长大了哦，来测量一下身高，说不定很快就可以像爸爸妈妈一样有自己的乘车卡（车票）了！”

八、无法正常进出闸

当发现乘客使用的车票无法进出闸时，可以根据闸机的显示初步判断车票存在的问题，做到心里有数。引导手势指引乘客持票前往票亭（客服中心）进行票务处理：“乘客您好！请您到票亭（客服中心）进行车票处理，谢谢！”

九、携带超大物品乘车

需耐心向乘客做好解释工作：“乘客您好！根据规定，您携带的属于超大物品，不能乘坐地铁。请您选择其他交通工具。感谢您的配合！”如果乘客不配合，可以引带乘客前往客服中心或张贴“乘客乘车守则”处阅读相关规定。

十、当乘客求助

在站厅服务时，当有乘客走近，应主动询问：“您好，请问有什么需要帮助吗？”或“您好，我能为您做点什么？”

除以上十类常见情况外，在对老、弱、病、残、孕等重点照顾乘客需要区别对待。提醒这类乘客走楼梯或乘坐厢梯上下站厅。如果对方不配合，要耐心地再次提示：“乘客您好！如果您坚持使用手扶电梯，一定要靠右站稳扶好。”行动不便的乘客，最好能陪同上下站厅。帮助身体不适的乘客在车控室或休息室休息，待身体情况好转后，再送乘客进出站；若情况越来越糟，则视情况联系其家人或救护车。坐轮椅的乘客，建议使用残疾人专用电梯（楼梯升降机）。

知 识 拓 展

乘坐地铁注意事项

一、广州地铁进站前及站内通行注意事项

（1）请穿着防滑的鞋子，尽量不要穿着高跟鞋、拖鞋及状况不良的鞋子进站乘车。

（2）进站前请注意出入口的整体设计布局，防止踏空或与玻璃围墙发生碰撞，严禁翻越护栏。

（3）注意站内摆放的各类安全告示牌，例如“小心地滑”“正在维修”等，如图 2-15 所示。

（4）站内通行时请注意地面状况，严禁奔跑、追逐。

（5）严禁在车站及车厢内吸烟、吐痰、丢弃果皮杂物。

（6）特殊情况时，请听从工作人员的指挥，到指定地点候车或出站。

二、搭乘扶梯注意事项

1. 踏上扶手电梯前

（1）先看清楚运行方向。

（2）踏入时应加倍小心。

图 2-15 安全告示牌

（3）避免宽松衣物贴近级边。

（4）切勿在入口范围站立或逗留。

（5）使用轮椅、携带婴儿车、手推车、行李或大件物品时，切勿使用扶手电梯。

2. 使用扶手电梯时

（1）紧握扶手。

（2）面向前方。

（3）站稳、切勿走动。

（4）避免站近级边。

（5）穿着凉鞋或拖鞋的乘客，小心扶梯级边。

（6）切勿靠在扶梯两边或倚在扶手上。

（7）切勿坐在梯级上。

（8）切勿奔跑、嬉戏、争先恐后。

3. 离开扶手电梯时

（1）及时踏出。

（2）尽快离开出口范围。

4. 一般安全指引

（1）小心照顾同行的老人和小孩。

（2）使用轮椅，携带婴儿车、手推车、行李或大件物品的乘客，请使用专用电梯。

（3）已经停止运行的扶梯梯级高低不一，使用时需加倍小心。

（4）如遇紧急情况，立即按下扶梯的紧急停止按钮。

三、使用专用电梯注意事项

（1）请让有需要的乘客优先使用。

（2）请先让专用电梯内的乘客离开再进入。

（3）请勿超载。

（4）请勿靠近或手扶电梯门。

（5）请勿强行打开电梯门。

（6）如在电梯内发生故障，请保持镇静，按照电梯内应急指引操作，等待救援。

实训　进出闸指引场景练习

情境 1：一位乘客带着两个孩子准备进闸乘车。一个孩子（身高不足 1.2m）手里拿着电动吹泡泡的小玩具，孩子不时按动玩具往外吹着泡泡。另一个婴儿熟睡在婴儿车里。

演练组织：安排三位同学演练，其他同学观摩。

点评要点：服务姿态、服务语言、处理方法。

情境 2：一位妈妈带着两个孩子（身高均超过 1.2m）乘车，两个孩子持一张车票并闸出闸。

演练组织：安排四位同学演练，其他同学观摩。

点评要点：服务姿态、服务语言、处理技巧。

任务五　票 务 服 务

票亭（客服中心）一般设置在站厅的两端，票亭（客服中心）的工作人员可同时为付费区以及非付费区的乘客服务。为非付费区乘客提供兑零、发售储值票、特殊情况下发售单程票、发售行李票、提供发票、问询等服务；为付费区乘客提供车票异常分析及处理、补票等服务。同时有两位乘客等候服务时，按照先付费区后非付费区的原则为乘客服务。

一、票亭（客服中心）岗位服务技巧

（1）排队人数较多时，应提高兑零、售票速度，避免此时交接班。

（2）当客服中心前出现大客流（10 人以上或排队超过 8 人并维持 3min 以上），应电话通知值班站长或巡视岗，加派人手或使用人工广播引导。

（3）在兑零空余时间尽可能把硬币盘摆满硬币。

（4）所兑硬币不散放在票务凹斗，而是垒成柱形，使乘客取币方便，快捷。不得有丢、抛的动作。

（5）应优先处理付费区内乘客，并要礼貌地让非付费区内乘客稍等。

（6）乘客在哪端票亭（客服中心）有需求，该端的站务人员应当及时为乘客处理车票问题和做好开启边门的登记。

（7）预备充足的零钱和车票，掌握存量，及时通知值班员追加，保证售票和兑零工作顺畅。

二、服务细节

站务人员在票亭（服务中心）里的一举一动乘客是可以看得很清楚的。因此，除了上身保持直立外，还要关注腿部细节。不能脱鞋服务，更不能架“二郎腿”服务等。乘客到来时，需面对乘客主动问好，与乘客眼神对视，表情要自然亲切，语气应做到轻柔和缓，表示对乘客的欢迎，如图 2-16 所示。勿从头到尾都对着电脑说话，让乘客感觉不受尊重。服务过程中使用“您好、请、谢谢、对不起、再见”等十字文明用语。“唱收唱报”时，身体略转向乘客，目视对方，注意与麦克风的距离，控制好音量与语速。

图 2-16 站务人员售票服务示范

需要指引方位时，应使用引导手势，勿用食指指引，如图 2-11 所示。

(a)

(b)

图 2-17 指引方位示范

（a）正确示范；（b）错误示范

需要乘客签名时，应把笔盖打开，用右手的拇指、食指和中指轻握笔杆，笔尖朝向自己，递到乘客的手中。更好的做法是在递笔的同时，左手做“请”的动作，如图 2-18 所示。不可将笔尖对向乘客，或是将笔扔、丢、甩进凹槽。

(a)

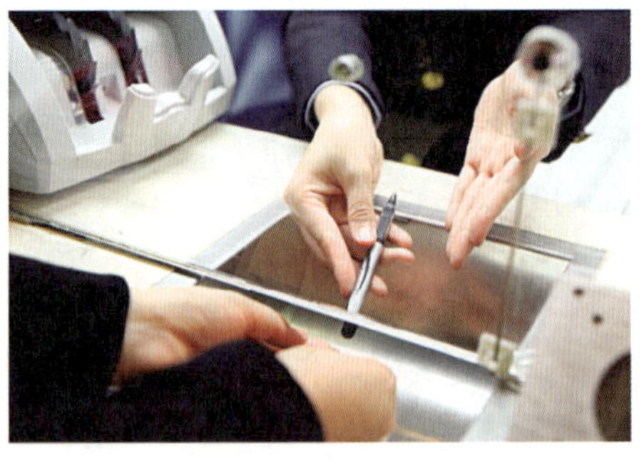

(b)

图 2-18 向乘客递笔示范

（a）将笔递到乘客手中；（b）“请”的姿态

递送车票、找零、发票时上身略向乘客方向倾斜，眼睛注视乘客手部，以文字正向方向递交，找零时注意小面值的在上，大面值在下，按面值从上往下递增的原则，轻拿轻放，如图 2-19 所示。

图 2-19　递送物品文字需正向乘客

离开窗口或交班要提前向乘客声明，尽量选择客流低峰时段或当前无乘客需要服务时。摆放“暂停服务”“交接班，请稍候”等告示牌，以免乘客继续排队等待造成投诉。离开票亭（客服中心）前，需退出电脑界面，并锁闭抽屉、钱箱、票亭（客服中心）门，台面无票据、票款、车票。

三、常用服务用语

站务人员要严格按公司规定的售票（兑零）流程工作，注意服务姿态外，常用的服务用语也必须掌握。

乘客需要兑换硬币时，要清晰唱收唱报：“收您××元，找您××元。”硬币应垒成柱状交给乘客，不得散放，不得有丢、抛等动作。

当找不开零钱时，应说：“您好！请问您有零钱吗？”或者说：“对不起，我这里的零钱不够，可能要找一些硬币给您，可以吗？”（在票亭工作时，应动态掌握零钱存量，及时通知值班员追加，保证售票和兑零工作顺畅。）

收到残币或假币时，应说：“对不起，请您换一张钞票，好吗？”

出售储值票时，应说：“您好！请看显示器。这是一张××元的车票。”乘客确认无误后，“您好！找回您××元。请您拿好找零和车票，票款请当面点清，谢谢！”

乘客询问地铁票价时，应说：“请问您去哪个站？”“请问您要去哪里？”再根据乘客提供的站名或目的地，如实告之票价：“女士（先生），您好，您到××站的票价为×元。”

乘客想购买往返票时，应说：“女士（先生），对不起！地铁车站没有往返票出售，单程票只能在购票的车站当日当站使用。”

乘客询问储值票能否多人同时使用时，应说：“女士（先生），对不起，储值票只能 1 个人使用，不能多人同时使用。”

乘客出站时发现出不了站（超程及超时），应说：

（1）“女士（先生），您好！您的车票已超程，请按规定补交超程车费×元。”

（2）“女士（先生），您好！您的车票已超时，请您按规定补交超时车费×元。”

当付费区、非付费区均有乘客时，对非付费区乘客解释：“女士（先生），对不起！请您稍等。”

当乘客询问小孩是否有半票时，应说：“女士（先生），您好！按照地铁规定，如果小孩没有超过 1.2m，一位成年人只可以免费带一名小孩乘坐地铁。”

乘客欲在票亭购票时，应说：“女士（先生），您好！如果您需要买单程票，请准备零钱或在此兑换零钱，然后到自动售票机处购买，储值票可在此购买。”

收到乘客一张过期单程票时，应说：“女士（先生），您好！单程票只能当天并在购票站乘坐地铁使用；您的车票已经过期，按规定这张车票需回收。假如您仍需要搭乘地铁，请您重新购买一张票。”

具体的乘客事务处理的方法及细则可在“城市轨道交通客运组织”课程中学习，在此不再赘述。

 知识拓展

票务规则

一、广州地铁票务规则

广州地铁线网票价按里程分段计价：起步 4km 以内 2 元；4～12km 范围内每递增 4km 加 1 元；12～24km 范围内每递增 6km 加 1 元；24km 以后，每递增 8km 加 1 元。珠江新城乘客自动输送系统实行票价 2 元的单一票制。

除以上票价收费标准以外的特殊收费及票价优惠按市政府相关规定及广州市地下铁道总公司的有关规定执行，由广州市地下铁道总公司公告。

乘客凭有效车票进入地铁付费区，实行一人一票制，乘客应使用同一张车票进、出闸，一张车票不可多人同时使用。

单程票在地铁车站发售，乘客当天在发售站进站乘车有效。

乘客在同一车站进出闸，单程票由闸机回收，持其他车票的乘客支付所使用车票种类的最低单程票价。

每位乘客可以携带总重量不超过 30kg 且外部尺寸长、宽、高之和不超过 1.6m 的行李，不需另付车费。总重量超过 30kg 或外部尺寸长、宽、高之和超过 1.6m 的行李，一律不得携带进站乘车。

对无票或持无效车票乘车的乘客，按出闸站的线网最高单程票价收取车费，已在无效车票上扣除的金额不计算在内。属于单程票的，广州市地下铁道总公司予以回收。有下列情形之一的，视为持无效车票乘车：

（1）使用的车票信息资料非经车票发行人允许进行了涂改、删除或损坏。

（2）使用逾期车票。

（3）使用车票者的身份与车票种类及车票所示信息不符。

一名成年乘客可免费带一名身高不超过 1.2m 的儿童；所带的儿童超过 1 名时，按超过人数购票。身高超过 1.2m 的儿童需凭有效车票乘车。

乘客每次乘车从进闸到出闸的有效时限根据线网允许的最远乘车里程、列车的速度及乘客候车、换乘所需的合理时间确定，具体由广州市地下铁道总公司在各车站公示明确。

超过有效时限时，乘客须按出闸站线网单程最高票价补交车费，但因广州地铁运营方面的原因导致的除外。

乘客所使用的车票，不足以支付所到达车站的实际车费时，需补交超程车费。

乘客乘坐一个车程既超时、又超程的，须按出闸站线网单程最高票价补交车费，但因广州地铁运营方面的原因导致的除外。

车票已在闸机上验票而乘客未进闸的，可在20min内在验票站免费处理。超过20min乘客未进站的，单程票作废由广州市地下铁道总公司予以回收，其他车票按所使用车票种类的最低单程票价支付车费，但因广州地铁运营方面的原因导致的除外。

进闸时没有在闸机验卡区正常感应的车票（即没有进闸记录），持单程票的以发售站为出发站支付车费，持其他车票的乘客应向车站说明出发站名称等情况，由车站按其所持车票种类收取车费。

已购买的单程票没有进闸记录且票内信息能被读取，自购买之时起不超过 30min 的，乘客可以在发售站办理退票。单程票在售出 30min 后一律不办理退票。

广州市地下铁道总公司应当接受其发行且准许使用储值车票的退票申请，在收回车票后将押金退还。但有下列情形之一的，不予退还押金：

（1）车票芯片损坏。

（2）车票上有孔、缺边、缺角。

（3）票面被涂写或张贴异物。

（4）票面有裂痕或有明显的折叠、刻画、扭曲痕迹。

（5）票面有无法清除的污渍。

广州市地下铁道总公司按前款规定办理储值车票退票手续，按车票所储存信息或车票票面号码能查询到车票余值的，应将余值退还。车票所储存信息失效并且票面号码不能识别的，视为没有余值。

二、深圳轨道交通票务规则

深圳市城市轨道交通实行一人一票制，乘客应当持对应所乘区间和车厢种类的有效车票进站乘车，并在规定时限（210 分钟）内出闸。

（一）深圳轨道交通票价实行里程分段计价票制

普通车厢起步价：首 4km 2 元；4～12km 部分，每 1 元可乘坐 4km；12～24km 部分，每 1 元可乘坐 6km；超过 24km，每 1 元可乘坐 8km。普通车厢以最短路径原则确定计费路径，全路网普通车厢单程票价最低 2 元、最高 14 元。持深圳通卡乘坐城市轨道交通正常刷卡出闸时普通车厢可享受票价 9.5 折优惠（深圳通优惠卡除外）。持深圳通卡搭乘公交的乘客，在公交刷卡 90min 内换乘城市轨道交通，享受城市轨道交通普通车厢票价折扣优惠同时，再优惠 0.4 元/人次。身高 1.2m 以下或 6 周岁以下（凭身份证等有效证件）的儿童可免费乘坐城市轨道交通普通车厢；身高 1.2～1.5m 或年龄在 6～14 周岁（凭身份证等有效证件）的儿童乘车可享受普通车厢票价 5 折优惠，但需在车站客服中心购买儿童票。深圳市学龄前儿童凭深圳通公司核发的“深圳市儿童乘车卡”享受免费乘坐普通车厢；在校中小学生和深圳市教育局注册、政府统一管理的全日制高中（含普通和职业高中）及以下的18周岁以下学生凭“深圳通学生卡”乘坐城市轨道交通普通车厢享受5折优惠。持深圳通卡在客服中心异常处理不享受折扣优惠，具体异常情况，乘客可咨询车站工作人员。

商务车厢票价：在普通车厢票价方案的基础上，按照不高于普通车厢票价的3倍进行定价；商务车厢票价由全程路径里程对应的普通车厢票价和11号线商务车厢使用费两部分组成，11号线商务车厢使用费等于该路径中11号线里程对应的普通车厢票价的2倍。商务车厢以时间最少为基本原则，综合其他因素确定计费路径，全路网商务车厢单程票价最低6元，最高35元。搭乘11号线商务车厢的所有乘客均需按车程购买全额车票，线网相关免费及优惠政策不适用于商务车厢。搭乘商务车厢的乘客不享受普通车厢相关折扣优惠、联乘优惠及特殊群体免费等优惠政策，具体如下：

（1）按照市政府2010年发布的城市公交优惠乘车通告规定的相关优抚对象等群体，凭相关证件只能享受优惠乘坐普通车厢，不能免费、优惠乘坐11号线商务车厢，如需乘坐，按车程购买全额车票。

（2）乘坐商务车厢乘客仅限于使用商务车厢单程票或者深圳通普通储值卡。持区段计次票、区段定期票等非现金钱包票卡、深圳通优惠卡（如老人卡、学生卡、员工卡等）、儿童票、日票、赠票等不属于商务车厢使用范围，不可乘坐商务车厢，如需乘坐，需另行购票。

（3）使用深圳通卡乘坐商务车厢的乘客不享受线网相关折扣优惠和联乘优惠，均按照全车程计费。

（4）一名乘坐商务车厢的乘客可携带一名身高1.2m以下或6周岁以下，不单独占用座位的儿童免费乘坐商务车厢。

（5）单程票经车站自动售票机发售，仅在售出站当日乘车有效，逾期为废票，车站予以回收。单程票出站时应当交还运营单位，不予交还的，运营单位有权收回车票并按照持无效车票处理。

（6）乘客持深圳通卡本站进出需收取最低车资，持深圳通优惠卡的乘客在优惠通道刷卡出闸。

（7）深圳通卡有效期按深圳通公司发行管理办法执行。

乘客进闸后，停留时限为210min，超过时限视为超时。

（1）若为单程票，按线网普通车厢最高单程票价补交超时车费后更新车票。

（2）若为区段计次票，扣除1次乘车次数后更新车票。如卡内剩余次数不足以扣除，按线网普通车厢最高单程票价发售出站票。

（3）若为深圳通卡，按线网普通车厢最高单程票价补交超时车费后更新车票。

（4）若为深圳通优惠卡，按优惠后线网普通车厢最高单程票价补交超时车费后更新车票。

乘客所用的车票票款不足以支付实际所到达车站的票款时，应当在出站前主动补足票款。

（二）使用优惠

票需按优惠后票价补交；未补足票款的，补足票款后按照应补票款的5倍加收票款，使用优惠票需按优惠后票价的5倍加收票款。深圳通卡余额不足可充值或根据进站信息购买付费出站票。

乘客在乘坐一个车程既超时又超程,应当在出闸前主动补交超程车资及按线网最高单程票价补交超时车费；未主动补足票款而出闸的，按持无效车票处理。

区段（计次、定期）票跨区段使用应当在出闸前主动补票，收取出闸站最高单程票价；若出闸前未主动补票而出闸的，按持无效车票处理。

（三）车票退票规定

（1）在非付费区，对经 BOM 或其他验票设备验证，属于本站当日发售且无入站信息的单程票，乘客可到本站客服中心按车票面值退票。

（2）乘客进入付费区后，除乘客有禁止进站乘车情形或者运营单位自身原因外，不予退票。

（3）乘客购买单程票为失效票时，车站根据乘客反映的购票情况，给予退票并请乘客另行购票。

（4）因运营单位原因导致的乘客疏散，乘客可在 5 日内（不含当日）在任何地铁车站办理单程票退票，使用深圳通卡的乘客可在 5 日内（不含当日）下次进站时免费更新。

实训　票务服务场景练习

情境 1：一位乘客在出闸机使用储值票，验票后仍然无法出闸。到票亭分析车票后，该票为无效车票。

演练组织：安排两位同学演练，其他同学观摩。

点评要点：服务姿态、服务语言、乘客事务处理技巧。

情境 2：站务人员正在为非付费区的乘客兑零，付费区有一位乘客要赶火车着急处理车票。此时又来了一位持残疾证的乘客敲窗需要开边门。

演练组织：安排四位同学演练，其他同学观摩。

点评要点：服务姿态、服务语言、处理技巧。

任务六　站　台　服　务

站台服务是车站服务的关键内容。站台也是乘客较为集中的地方。特别是在高峰时段，在候车和上车时容易混乱造成安全事故。因此，站台服务要以安全第一，礼仪与之相结合。

在站台不倚靠、背手、叉腰、抱膀、手插兜。站务人员在站台的主要工作有：

（1）监视列车运行状态、候车乘客动态，监视是否有乘客跳下轨道、进入隧道、倚靠屏蔽门、抢上抢下或乘客物件掉落轨道，防止列车、屏蔽门夹人夹物或夹人夹物动车，根据情况及时采取正确的处理办法。

（2）宣传乘客在黄色安全线以内候车，不要依靠屏蔽门，不要抢上抢下，维护站台秩序，组织乘客有序候/乘车。

（3）若发现异常情况及时采取措施或与车控室联系。

（4）回答乘客询问，在力所能及的范围内，尽量帮助乘客解决问题，特别注意帮助老、弱、病、残等需要提供帮助的乘客。

（5）当客车车门或屏蔽门故障时，协助司机处理车门，如贴上“此门故障，暂停使用”的静电贴纸、摆放“设备故障”警示牌等，如图 2-20 所示。

图 2-20　屏蔽门故障警示牌

目前我国地铁车站站台多为岛式站台，候车乘客较为集中。某些城市的地铁未安装屏蔽门，乘客候车存在一些安全风险点。因此，站台工作人员要不厌其烦地做好安全宣传工作，在进行安全宣传时，要注意扬声器与嘴巴的位置，既保证声音能传输出去，也要保证不刺耳，更不能发出嚣音。当有乘客走近询问或者在提醒乘客注意安全时，一定要先关闭或远离扬声器，避免影响其他乘客。

在站台要把握好乘客引导的时机进行规范的指引，如图 2-21 所示。具体要求见表 2-1。

表 2-1　　站台候车引导要求

引导时机 引导要求	一	二	三	四
	列车未到站	列车到站还未停车	列车到站开门后	车门即将关闭
引导重点	引导乘客按地面指示标志排队候车	劝阻乘客不要拥挤	劝阻乘客不要抢上抢下	阻止乘客抢上，防止夹人夹物
建议动作	足踏黄色安全线，采用双臂式引导手势	足踏黄色安全线，单手采用禁止手势	侧身站在屏蔽门外，使用双臂式或斜摆式引导手势	站在某一屏蔽门正中，足踏黄色安全线，一手垂于体侧，一手使用拦截手势
引导语言	“请乘客按地面箭头排队候车，先下后上，多谢合作！”	“请乘客先下后上，不要拥挤，多谢合作！”	“下车的乘客请抓紧时间，上车的乘客请往车厢中部走，请照顾好随行的老人及小孩，请为有需要的乘客让座。”	“车门即将关闭，请留意您的衣物，谨防被夹。”

图 2-21　站台候车引导

在站台还要做到“多巡视、多提醒、多引导”。巡视时，步伐大小一致，走速均匀，抬头挺胸，保持良好的精神面貌。密切关注乘客情况、屏蔽门工作状况，“三步一回头”。多提醒乘客看管物品、看好小孩、不得跑闹、追逐、不得冲上冲下、到人少的一端候车等等。站台客流不均匀时，要及时引导控制，防止乘客拥挤。发现异常情况，及时与司机、站控室及其他岗位联系，必要时采取控制措施。遇蛮横不讲理的乘客及时与公安联系，不与乘客发生正面冲突。

站台岗位常用服务用语：

（1）列车进站前及进站时，应说：“各位乘客/先生（女士），为了您和他人的安全，请站在黄色安全线内排队候车，多谢合作！”“各位乘客/先生（女士），为了您的安全，请勿倚靠屏蔽门，多谢合作！”“各位乘客/先生（女士），由于现在站台乘客较多，请到站台乘客较少的地方候车，多谢合作！”

（2）乘客越出黄色安全线时，应说：“各位乘客/先生（女士），为了您和他人的安全，请站在黄色安全线内排队候车”“各位乘客/先生（女士），请不要在屏蔽门和黄线之间放置物品，多谢合作！”

（3）乘客在下车通道候车时，应说：“各位乘客/先生（女士），请按地面箭头标志排队候车，多谢合作！”

（4）列车到站停稳开车门时，应说：“上车的乘客请注意，请小心列车与站台的空隙，先下后上，多谢合作！”

（5）列车将要关车门（有乘客抢上）时，应说：“各位乘客，车门即将关闭，没有上车的乘客请您耐心等候下一趟车，（请不要越出黄色安全线）多谢合作！”

（6）乘客有物品掉下轨道时，应说：“先生（女士），您好，请不要着急，我们的工作人员会尽快为您拾回物品，多谢合作！”

（7）小孩在站台上追逐跑奔、打闹时，站务人员要半蹲或俯身提醒小朋友：“小朋友，地面很滑，容易摔倒，要乖乖跟家长排队等车哦。”与此同时，提醒家长：“先生（女士），您好，地面很滑，容易摔倒，请您带好您的小孩，不要在站台追逐、奔跑、打闹。”

（8）遇到身体不适的乘客时，应说：“先生（女士），您好，您是不是哪里不舒服？需要我的帮助吗？”

（9）末班车到站时，应说："各位乘客请注意，开往××方向的末班车将在××点××分开出，请您抓紧时间上车。"

（10）列车服务终止时，应说："各位乘客，今天的列车服务已经终止，请您尽快出站。"

在进行语言提示时，一定注意与乘客保持适当的距离，如图 2-22 所示。语速适中，态度温和，不能主动接触乘客的身体。

图 2-22　文明劝导

知识拓展

轨道交通乘客安全出行手册及无障碍设施

一、深圳地铁乘客安全出行手册（节选）——站台候车、乘车

1. 为保证安全，乘客需注意的事项

（1）站在黄色安全线后排队候车，切勿倚靠屏蔽门，尽量避免到人潮拥挤的地方候车。

（2）按照箭头指示方向上车，先下后上，请勿拥挤。

（3）上车时带好随身物品，小心列车与站台之前的空隙，照顾好同行的小孩与老人。

（4）留意屏蔽门和车门的开关，小心屏蔽门下班，当屏蔽门灯指示灯闪烁时请勿上车。

（5）因列车拥挤不能上车时，请耐心等候下一班列车。

（6）如遇物品跌落轨道，请联系地铁工作人员。

2. 特别注意的事项

（1）注意列车行驶方向，以免乘错列车。

（2）严禁在站台上追逐打闹、滋事斗殴。

（3）切勿在黄色安全线与屏蔽门之间行走、坐卧、放置物品。

（4）切勿擅自跳下站台，进入轨道、隧道和其他有警示标志的区域。

（5）车门正在关闭时，切勿强行上车。

（6）切勿阻碍车门关闭，切勿撞击屏蔽门。

（7）切勿将手袋、背包或其他个人物品接近正在关闭的车门，以免发生危险。

（8）切勿在非紧急状态下动用紧急或安全装置。

二、广州地铁五大无障碍设施

1. 盲道和盲文导向牌

广州地铁每个车站至少有两个出入口设计有盲道与地面市政盲道相连接。在车站内盲道行进路中的关键节点处（如入口、出口、入闸、站台等位置）配套设有盲文导向牌。

2. 专用电梯（无障碍电梯）

专用电梯有语音提示、盲文功能按键、求助按键、引导说明等完善的使用功能。

3. 楼梯升降机和轮椅坡道楼梯升降机

在出入口通往站厅的通道楼梯处设置，同时在出入口配套设有轮椅坡道，提供给坐轮椅的肢残乘客等行动不便的乘客进入车站时使用，如图 2-23 所示。

图 2-23　楼梯升降机

图 2-24　无障碍导向标识

4. 无障碍导向标识

地铁车站通道内、站厅层、站台层及各无障碍设备处等位置均连续设置了无障碍导向标识引导残障者乘车，如图 2-24 所示。

5. 列车轮椅席位及标识

广州地铁每列车厢内均设有一定数量的轮椅席位，供坐轮椅的肢残人使用。每个轮椅席位都配套设有残疾人标识。

实训　站台排队候车引导场景练习

情境 1：站务人员在站台上进行候车引导服务。

演练组织：安排两位同学同时演练，其他同学观摩。

点评要点：引导时机、引导手势、服务语言。

情境 2：有一位长者无视其他乘客的劝阻，依然站在下车区候车。请开展文明劝导。

演练组织：安排三位同学演练，其他同学观摩。

点评要点：服务姿态、服务语言、处理技巧。

思维导图

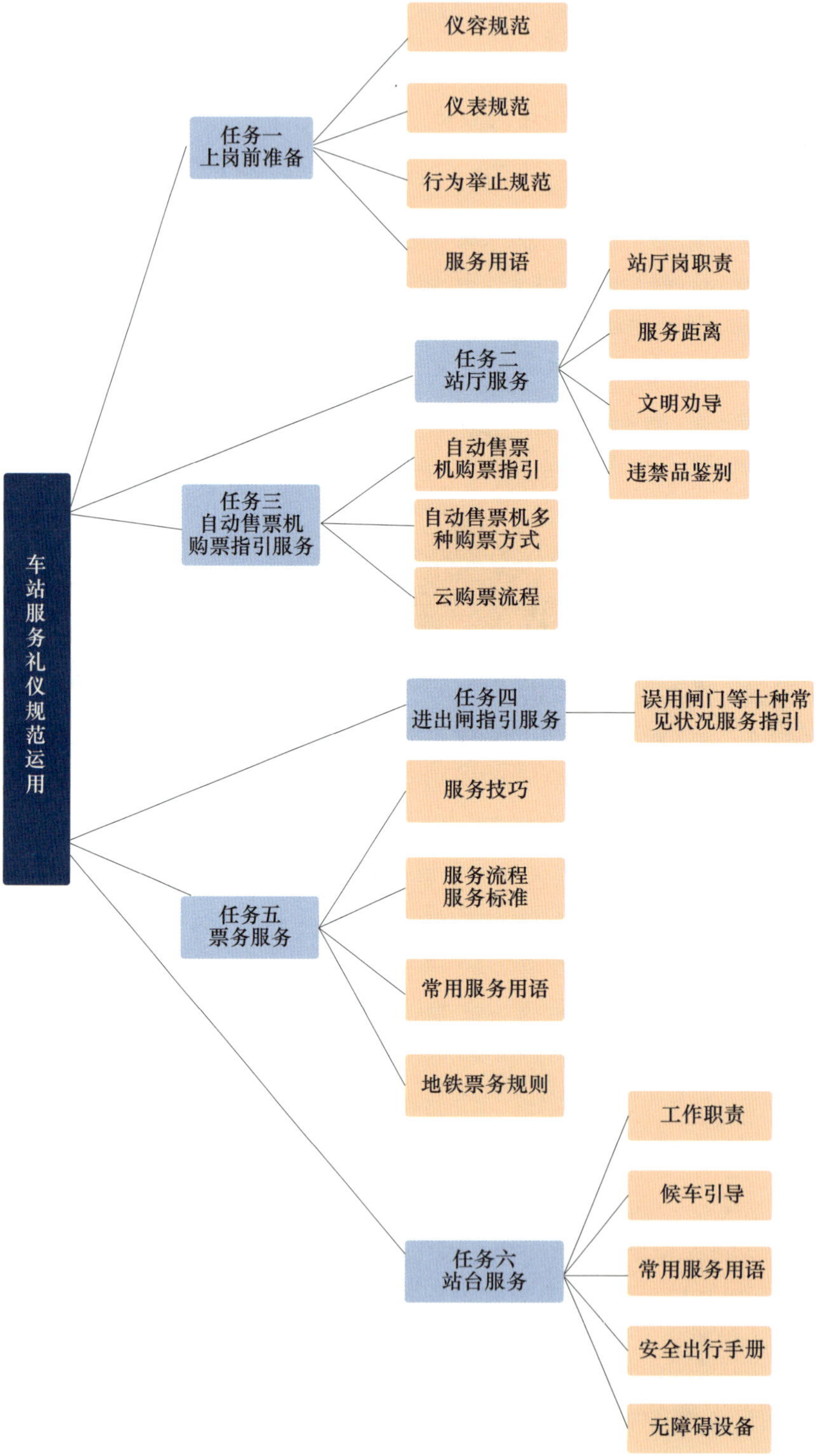

- 车站服务礼仪规范运用
  - 任务一 上岗前准备
    - 仪容规范
    - 仪表规范
    - 行为举止规范
    - 服务用语
  - 任务二 站厅服务
    - 站厅岗职责
    - 服务距离
    - 文明劝导
    - 违禁品鉴别
  - 任务三 自动售票机购票指引服务
    - 自动售票机购票指引
    - 自动售票机多种购票方式
    - 云购票流程
  - 任务四 进出闸指引服务
    - 误用闸门等十种常见状况服务指引
  - 任务五 票务服务
    - 服务技巧
    - 服务流程 服务标准
    - 常用服务用语
    - 地铁票务规则
  - 任务六 站台服务
    - 工作职责
    - 候车引导
    - 常用服务用语
    - 安全出行手册
    - 无障碍设备

思考与练习

1. 客运服务人员在自己的工作岗位上与乘客之间所保持的人际距离有一定的规定，请选择合适的人际距离。恰当的服务距离是（　　）。

2. 售票岗位的客服人员在向乘客递送车票和找零时，应该把车票放在最上面，找回的零钞按（　　　　）的顺序叠放整齐，一次性放入凹槽内。

3. 地铁的超大物品是指（　　　　　　　　　　　　　　　　　　　　）。

4. 简述站台候车服务的服务手势及服务用语。

项目三　投诉处理技巧运用

课前阅读

乘客在地铁站多购一张 2 元单程票，前往该站客服中心退票。该售票员听后对乘客说："您等着吧。"此后对乘客不予理睬。当乘客再次向该员工要求处理退票时，该售票员大声对乘客说："退不了，你等着领导来处理吧。"说完仍把乘客晾在一边。当乘客向其索取工号投诉时，该售票员对乘客厉声呵斥道："为什么要给你工号？"乘客对该售票员服务态度表示相当不满，故拨打投诉电话进行投诉。

学习目标

1. 掌握乘客满意的概念，区别工作职责与工作本质；
2. 了解优质服务的六要素，熟悉乘客不满意的常见原因；
3. 正确认识乘客投诉，了解乘客投诉背后的期望；
4. 运用乘客投诉处理的技巧。

任务一　乘客满意的层次分析

乘客服务的宗旨是"乘客满意"，从乘客的实际需求出发，为乘客提供真正有价值的服务，为乘客提供舒适的候乘环境，把乘客安全、准点、快捷地送达目的地，这要求轨道交通企业要以最专业的服务队伍，及时与全方位地关注乘客的每一个服务需求，并通过提供广泛、全面和快捷的服务，使乘客体验到无处不在的满意和可信赖的贴心感受。体现"良好的客服形象，良好的技术，良好的乘客关系，良好的品牌"的核心服务理念。

一、乘客满意的概念

乘客满意指的是"乘客对其要求已经被满足程度的感受"，是乘客在接受了服务，包括其所携带信息的刺激之后，所做出的肯定的心理状态。简而言之，乘客满意即是乘客的期望与获得之间的关系。

二、乘客满意的层次

乘客满意与否，可借用数字公式表述如下：

获得＞期望——非常满意；

期望=获得——基本满意；

期望＞获得——不满意。

（一）获得＞期望——非常满意

非常满意也可以理解为优质乘客服务，归纳为以下方面。

1. 对乘客热情，尊重和关注乘客

优质服务首先是个态度问题，要求对乘客热情，要尊重和关注乘客。这个要求相对而言比较简单，但绝对是首要问题。可是这样一个简单的态度问题，却是几乎所有企业都需要改进的问题，到今天为止，乘客对于企业服务投诉最多的问题依然是服务态度问题。因此，优质乘客服务首先要求乘客服务人员能够持续、始终如一地热情对待乘客，尊重和关注乘客。

2. 帮助乘客解决问题

客运服务人员解决问题的能力是乘客服务的根本，要做到优质服务，企业就必须帮助乘客解决问题。作为乘客，希望服务人员有很好的服务态度，但更希望问题得到解决，因此，才会有乘客在投诉时这样说："你光说'对不起'有什么用？现在先告诉我你怎样解决我的问题？"所以客运服务人员必须牢记：在乘客服务中，帮助乘客解决问题永远是第一位的。

3. 迅速响应乘客需求

乘客的问题一般都会得到解决，但解决问题的快慢给乘客带来的感受却有着天壤之别。作为乘客，在享受服务的时候，一般更加关心服务的效率。

4. 始终以乘客为中心

有时乘客利益会与企业利益发生冲突，甚至乘客会提出一些看似不太合理的要求，这是考验企业和服务人员的服务观念的时候——是不是能够始终以乘客为中心，是不是始终关注乘客的心情和需求，这是非常重要的。始终以乘客为中心不能只是一句口号，或者是贴在墙上的服务宗旨，而是一种行为，是带给乘客的一种感受。比如帮助残疾乘客，真诚地向乘客表示歉意，主动帮助乘客解决问题等。很多企业都有以乘客为中心的理念，如广州地铁承诺为乘客提供安全、准点、便捷、人性化的轨道交通服务。

5. 持续提供优质服务

让乘客每一次都能感受到同样好的服务，正是优质服务所追求的目标。持续提供优质的服务，这是整个优质客运服务过程中最难获得的一种能力，而服务的标准化、一致性，是持续提供优质服务的根本保证。

6. 设身处地为乘客着想

设身处地为乘客着想是做到始终以乘客为中心的前提。作为一名客运服务代表，能够经常进行换位思考是非常重要的。设身处地为乘客着想意味着必须站在乘客的角度去思考问题，理解乘客的观点，知道乘客最需要的是什么，最不想要的是什么，只有这样，才能为乘客提供优质的服务。

（二）期望=获得——基本满意

这个层次是对客运服务人员的基本要求，即客运服务人员按照公司制定的服务流程规范地执行服务标准，履行的是工作职责。它包括客运服务人员的工作常识（做什么）和工作技巧（如何做），而且大多数服务人员都会意识到有责任执行工作职责，并且很熟练地去做，甚至能流利地背诵岗位工作职责。这样只会让客运服务人员变得公事化，把每位乘客都看成是最后一个乘客，一种工厂意识就应运而生了。这些属于工作角色相关的责任和任务，与工作本质无关。

工作本质反映出员工的工作动机，即为什么做。客运服务人员应该将关注点从“工作职责”转移到“工作本质”上，反映员工的创造力、热情、激情和独特的资质上。如同高质量的照片除了恰当曝光、光圈和快门速度（工作职责），大多数人会很感激摄影师在给自己拍照时表现出的真挚的热情和独特的创造（工作本质）。当然，缺乏工作职责也无法表达工作的本质。

相对而言，工作职责是客运服务人员必须做的，这些职业和任务是公司和乘客要求的，这些责任是客运服务人员“应该做的事”，大多数客运服务人员总是执行不得不做的工作职责，从而不能够表现出自发的工作本质。这就解释了为什么极少遇到优质客运服务人员的原因：因为客运服务人员不是“必须”这样做。

（三）期望＞获得——不满意

当乘客觉得不满意时，就会选择用投诉的方式解决问题。这里所谓的“服务”是接待乘客的“服务”。“服务”的好坏，对于企业的口碑至关重要。服务不能令乘客满意包括很多方面的因素。

1. 服务方式不佳

相对而言，服务方式不佳是一个很难得到改善的方面，包括不遵守承诺，乘客按时乘车，但地铁晚点或停运。

2. 服务态度恶劣

此类引起投诉的原因通常都是由客运服务人员等一些直接与乘客打交道的员工造成的。具体包括以下方面。

（1）只顾自己聊天，不理会乘客的招呼。这样会使乘客觉得自己受了冷落，从而丧失了询问的念头。

（2）对于乘客的抱怨，板起面孔，恶语相向。

（3）当遇到无法回答的问题时，把乘客当“皮球踢来踢去”。

（4）瞧不起乘客，言语中流露出蔑视的口气。

3. 表现出对乘客的不信任

一位母亲带领一个七八岁左右的孩子出闸，厅巡在巡视中看到孩子先钻闸而出，孩子母亲随后验票出闸。于是径直上前拦住孩子母亲，用质问的口气问道：“您好！您的孩子已经超高了，请不要逃票，麻烦您去票务中心补票。”孩子母亲的脸立刻涨红了，非常生气地对厅巡吼道：“你凭什么说我们逃票，我们是有票的”。厅巡似乎来了兴趣，提高了声音继续逼问：“那你把两个人的票都拿出来呀。”孩子母亲随后从包里拿出一张成人储值票，一张学生储值票，并向周围聚拢的乘客得意地说：“我和孩子都是有票的，是你们的设备出了问题，我帮孩子验了票，可是人还没过去，闸机就关闭了，所以孩子只能钻出去啊。你们看到我们出不去，不主动过来帮忙也就罢了，一上来就说我们逃票，这是什么服务态度啊！我要投诉你！”这名厅巡见势还不道歉，继续嘴硬道：“哪知道你是不是给小孩验了票了啊，说不定就是直接让孩子钻的。”经过查验，该名乘客控诉是事实，孩子的车票属于“闸门被误用”。

这名厅巡没有看到事发的全过程，断章取义认为钻闸就是逃票，这是不信任乘客造成的。

4. 对咨询的乘客不耐烦

有的客运服务人员并不具备对乘客要有耐心这一起码的素质，对乘客咨询的行为常表现得不耐烦，甚至冷嘲热讽，这不但会引起乘客的投诉，有时还可能引起冲突。

5. 服务人员对其他乘客的评价、议论

张小组向站务员问路后，人还没走远就听到两名站务员在议论她：“刚刚问路那个女的身上的香水味太浓了，我都有点受不了啦，又不是外国人，弄那么香干嘛，太装了！”张小姐心想，站务员这么缺乏修养，毫无顾忌地议论乘客，服务态度实在太差，于是她马上打客服电话投诉。

实训　乘客满意层次分析练习

案例 1：距离站务员较远处，有一名男乘客蹲姿候车。站务员用扩音器提醒乘客：“先生，请不要蹲姿候车，谢谢合作。”乘客不理会。随后站务员走近该乘客，使用服务手势进行指引，并对该乘客说：“先生您好，这样不安全，您可以到座椅上休息。”乘客回答：“我喜欢这样蹲着，关你什么事？”站务员解释道：“列车进站时速度很快，风也很大，我们要确保乘客安全。而且其他乘客可能会跟着您这样做，会有很大的安全隐患。请您坐到座椅上休息。”乘客：“开玩笑，还有座椅空着吗？”站务员：“如果您确实需要，我可以请其他乘客让一让座。”乘客不再坚持，一边站起来，一边说“算了算了。”

案例分析：请小组讨论后请代表发言，该案例中的站务员属于乘客满意的哪一个层次？为什么？

案例 2：有两名乘客在火车站站厅准备购票时，厅巡小林发现这两名乘客携带鸡、鸽子等家禽进站，小林向其解释动物不能带进站，但乘客却固执地要求车站出示相关规定给他看，值站收到通知后用对讲机讲请乘客稍等。在此期间，站台站务员小黄用对讲机问是男是女，另一站台站务员小孙用对讲机讲了一句粗话被乘客听到，乘客误认为是骂他，一定要该名站务员出来道歉，值站向乘客解释，乘客拒不接受。

案例分析：请小组讨论后请代表发言，该案例中的站务员属于乘客满意的哪一个层次？为什么？

任务二　乘客投诉处理技巧

在不断研究与探索乘客意愿的过程中，依然不可避免地要面对乘客的投诉。针对乘客投诉，客运服务人员要做到知己知彼，了解乘客投诉的动机，全面分析投诉内容才能从根源上避免或降低投诉事件。当投诉已经产生时，客运服务人员应该运用不同的技巧把投诉的影响面控制到最小范围，把乘客的不满转变成赢得乘客信任的时机。

一、乘客投诉的产生

乘客投诉的产生如图 3-1 所示。

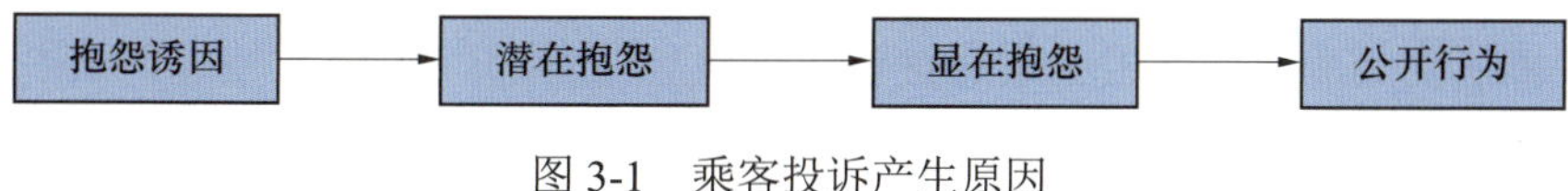

图 3-1　乘客投诉产生原因

乘客抱怨主要是由对服务的不满意而引起的，抱怨行为是不满意的具体行为反应。乘客对服务的抱怨意味着轨道交通企业所提供的服务没达到其期望值，未满足其真实的需求。乘客抱怨可分为私人行为和公开行为。私人行为包括不坐或少坐轨道交通工具，说该公司的坏话等；公开行为包括向企业投诉，向政府有关机构投诉，要求赔偿。

投诉只是对乘客面对服务存在某种缺陷而采取的公开行为，实际上投诉之前就已经产生了潜在抱怨，潜在抱怨随着时间推移就变成显在抱怨，而显在抱怨会直接转化为公开的行为，如投诉。乘客投诉级别评定标准见表 3-1。

表 3-1　乘客投诉级别评定标准

乘客投诉级别	标 准 说 明	严重程度
向企业投诉	如到车控室咨询，向乘客服务部电话申诉，遇到企业员工反映情况，写信给企业管理部门或领导	不严重
同其他人抱怨	如见人就说或提起相关经历就回忆到这件令他不愉快的历程，或回家告诉家里人，遇到有人要乘坐轨道交通都会提醒别人要提防该公司的服务人员等	比较严重
第三方投诉	如监管部门、新闻媒体、法庭起诉等	非常严重
一般乘客投诉	乘客常规的投诉反馈问题	不严重
重要乘客投诉	乘客重复投诉；乘客威胁言语及行动；涉及人员伤亡；监管部门、新闻媒体、法庭起诉等	比较严重
重大乘客投诉	媒体投诉；网站、网络论坛投诉；政府或有影响力的社会团体介入	非常严重

二、正确的认识乘客投诉

要正确处理乘客投诉，首先应对乘客投诉有一个明确的认识，对于乘客投诉，要承认它本身所有的“财富”价值，这些价值可以使企业及客运服务人员更清楚地认识到自己的不足。当企业及客运服务人员意识到自己需要改善时，就会感谢乘客的投诉。正如松下幸之助的体会一样：“人人都喜欢听赞美的话，可是乘客光说好听的话，一味地纵容，会使我们懈怠。没有挑剔的乘客，哪有更精良的商品和服务？所以，面对挑剔的乘客要虚心求教，这样才不会丧失进步的机会。”

有的企业不愿意听到乘客的抱怨，认为只要没有投诉，就代表公司的服务是好的，其实这种想法是错误的。乘客不投诉并不代表满意。不投诉的原因主要有：第一，乘客觉得即使投诉，企业也不能解决问题；第二，时间成本太高，懒得投诉。相关研究证明：良好的赔偿与投诉处理可以带给企业 50%～400%的收益，企业从接收到乘客抱怨与投诉所反馈出来的信息，尽早发现服务漏洞，从而使企业整体的服务质量获得提升。

三、乘客投诉背后的期望

乘客投诉一般都是有原因的，其内心期望有三种。

（一）求发泄的心理

这类乘客在接受服务时，因为遭遇挫折，一般会带着怒气投诉或抱怨，如果能把自己的怨气全部发泄出来，那么烦闷情绪就会获得释放和缓解，从而获得心理平衡。

（二）求尊重的心理

寻求尊重是人的正常心理需要。在服务的交往过程中，乘客寻求尊重的心理一直十分明显，而在进行投诉活动时，这种心理更加突出。一旦发生投诉，乘客总认为自己的意见是正确的，并立即采取行动，希望受到客运服务人员或管理人员的重视，要求别人尊重其意见，当面认错并赔礼道歉。当然，乘客不一定是对的，但乘客永远是乘客，这是企业存在的唯一原因，只有明白这一点，才会让客运服务人员或管理人员专注于最重要的事情——优质服务。

（三）求补偿的心理

乘客投诉的目的在于补救，补救包括财产上的补救和精神上的补救。当乘客的权益受到损害时会希望能够及时地得到补救。

四、乘客投诉处理的禁忌

下列五种处理乘客投诉的方式会让乘客失望，激化矛盾，甚至导致投诉升级，所以，在工作中要极力避免。

1. 只有道歉，没有进一步行动

假如接到乘客投诉，但是企业却没有任何弥补行动。例如，“很抱歉！但我实在无能为力。”“对不起，你的问题无法解决。”乘客会觉得，“你们很会说对不起，可是并不去解决问题，而对不起根本不够。”

2. 把错误归咎到乘客身上

例如“你一定弄错了。”“你应该早点说，现在已经没有办法了。”如果的确是企业或客运服务人员的失误，正确的方法应该是把错误归咎到自己身上。最常说的一句话应该是“对不起，这是我的错”，并及时提供解决方案。

3. 做出承诺却没有实现

客运服务人员在接到乘客投诉后，满口向乘客承诺会很快改正错误，但是却迟迟没做到，这样可能会适得其反。乘客会认为：“你们说话不算话。”如果你没有100%的把握，就不要轻易向乘客许下承诺。

4. 粗鲁无礼

有些服务人员连最基本的礼仪都没有，很多乘客都受过无礼的待遇，甚至有些乘客遭受过羞辱，严重的时候个别乘客甚至觉得自己像个“罪犯”。服务人员可能会说：“从来没有人抱怨过这些情况。”但这并不表示乘客没有抱怨，只是还没有人愿意提出来而已。

5. 逃避个人责任

例如“这不是我做的，不是我的错。我很愿意帮你，但这事不归我管。”“我只是个领薪水的普通员工，规矩不是我定的……接待你的人不是我，是我的同事。”“那你到底想怎么样？”这会导致乘客觉得，“这些人真会推卸责任。没人敢负责，要么就是把不管事的助理找来，什么事也解决不了，要么就是把情况推给别人处理。”

五、投诉处理技巧

（一）有效地倾听乘客各种不满陈述

乘客服务人员在实际操作中，倾听乘客的抱怨时要有耐心，不可轻易打断乘客的讲话，不要批评乘客的不是，而是要鼓励乘客倾诉下去，尽情宣泄心中的愤怒，从乘客的抱怨中分析乘客产生抱怨的真正原因，以便找出症结，拿出合理方案，处理乘客投诉问题。

处理乘客抱怨时，重要的一点就是“倾听乘客的意见”。只要让乘客充分表达想说的话，那么处理乘客抱怨时就已经成功了七成以上。要以乘客的立场来想、来说，要知道乘客的立场及想法就是全靠“倾听”的方式来了解。

“为什么会说出这些不满？”

“因为什么事抱怨？”

“乘客的主要目的是什么？”

“乘客到底在为什么生气？”

一定要如此认真地倾听乘客的意见并谨记在心。能够从头到尾“听进去”和“听懂”别人说话的客运服务人员非常有限。通常的反应是：

“不是这样！”

“不可能！”

“我们绝不会出错。”

“一定是您看错了。”

这种对话是一点也没听进去乘客的意见，只是一味地试图打断对方的话并且加以否定。这样做根本无法了解乘客的原意、要求及希望。

相关研究结论表明：听人说话要比自己说话难上好几倍；成为一个好的听众不但可以培养包容心，还可以从对方的谈话中获得知识，并且学习倾听的能力；善于说话的人必定也是一位好的听众。所以，努力让自己成为一个好的听众。

1. 有效倾听的优点

（1）能够耐下性子听别人倾诉的人都会受到欢迎。

（2）增加知识以及智慧。

（3）懂得边点头边微笑的听众，会给人留下好印象。

（4）可以尽可能地了解对方（乘客）的心理状态。

（5）可以强化打动人们的说服力。

2. 有效倾听的技巧

擅长倾听的特质是处理乘客抱怨必备的要素。作为一个好听众是十分重要的，在日常生活中可以多加练习。

（1）目光停留在乘客眼睛的正中央，并且表现出温和的神色。避免将头转向一旁，翻白眼或者眼神迷茫的动作出现。

（2）仔细聆听乘客的话以及说话的语气。假如没有听懂乘客在讲些什么，就没有办法做出正确的回应。说话的语气经常会透露出说话者的情绪反应，为了听出对方到底是生气还是意图不轨，就要好好聆听乘客所讲的话以及讲话的语气。

（3）用嘴巴听。所谓用嘴巴听就是说要懂得随声附和，有疑问或不清楚的地方要详细问明白。乘客有时想要向客运服务人员抱怨几句，例如“知道不知道”或“要不要处理”，就是源于有些客运服务人员对于不知道的事放着不管，从而导致处理问题延误。为避免发生这种情况，请一边用嘴巴轻声说“我知道了”“这样很好”，一边仔细聆听。

（4）用身体各部位去听。表情呆滞或是摆架子听人讲话的姿态最好不要出现，如果一个听众不能够让对方知道自己的喜怒哀乐，了解与否，就会让对方不明所以，甚至会增加不痛快。所以，必须用明确的态度点头回应，并积极地倾听。

（5）仔细聆听，认真记录。在这个过程中，时不时伴以关注的眼神并适时地点头。有句古话说：好记性不如烂笔头。对乘客所反映的内容，一定要认真做好记录，填写投诉单。一方面，作为处理问题留存的资料证据；另一方面，表示对乘客的尊重，在聆听乘客诉说的过程中，有不明白的地方，一定要仔细询问清楚，每个细节都很重要，通过询问，尽量确保投诉的真实性。最后对乘客提到的问题复述一遍，以确认是否明白乘客的需求，以便化解投诉。

城市轨道交通客运服务实用手语

手语是用手势比量动作，根据手势的变化模拟形象或者音节以构成的一定意思或词语，它是听力障碍的人（即聋人，以下简称为听障人）互相交际和交流思想的一种手的语言，它是“有声语言的重要辅助工具”，而对于听力障碍的人来说，它则是主要的交际工具。

轨道交通是公共交通，针对听力障碍的乘客，客运服务人员学习服务手语，把乘客的不便变为方便，做到无障碍服务。

一、您好！

“您”：一手食指指向对方；“好”：一手握拳，向上伸出拇指，如图 3-2 所示。

图 3-2　“您好！”手势

二、谢谢！

“谢谢”：一手伸出拇指，弯曲两下，表示向人感谢，如图 3-3 所示。

图 3-3　“谢谢！”手势

三、不用谢！

“不用”：一手直立，掌心向外，左右摆动几下；“谢”：一手伸拇指，弯曲两下，如图 3-4 所示。

图 3-4 “不用谢！”手势

四、对不起！

“对不起”：一手五指并拢，举于额际，先做“敬礼”手势，然后下放改伸小指，在胸部点几下，表示向人致歉并自责之意，如图 3-5 所示。

图 3-5 “对不起！”手势

五、再见！

“再见”：一手上举，五指自然伸出，手腕挥动两下。这是一般的“再见”手势，如图 3-6 所示。

图 3-6 “再见！”手势

六、请跟我来

“请”：双手掌心向上，在腰部向旁移，表示邀请之意，如图 3-7（a）所示；“跟”：双手拇、小指伸直，一前一后往前移，象征一个人跟着前面一个人走的样子，如图 3-7（b）所示；“我”：一手食指指自己，如图 3-7（c）所示；“来”：一手掌心向下，由外向内挥动，如图 3-7（d）所示。

(a)　(b)　(c)　(d)

图 3-7　“请跟我来”手势

七、请让我帮帮你

“请”：双手掌心向上，在腰部向旁移，表示邀请之意，如图 3-8（a）所示；“我”：一手食指指自己，如图 3-8（b）所示；“帮”：帮助，双手掌心向外，拍动两下，表示给人援助、帮助，如图 3-8（c）所示；“你”：一手食指指向对方，如图 3-8（d）所示。

(a)

(b)

(c)

(d)

图 3-8　“请让我帮帮你”手势

八、请问你要去哪里？

“请”：双手掌心向上，在腰部向旁移，表示邀请之意，如图 3-9（a）所示。“你”：一手食指指向对方，如图 3-9（b）所示；“要”：一手平伸，掌心向上，由外向里微微拉动，如图 3-9（c）所示；“去”：一手拇、小指伸直，由内向外移动，如图 3-9（d）所示；“哪里”：一手食指指尖向外，作波纹状移动几下，如图 3-9（e）所示。

(a) (b) (c) (d) (e)

图 3-9 “请问你要去哪里？”手势

九、请问，洗手间在哪里？

“请”：双手掌心向上，在腰部向旁移，表示邀请之意，如图 3-10（a）所示；“问”：一手指直立，自嘴前向外移一下，如图 3-10（b）所示；“洗手间”：一手做字母“W”和“C”的手势，双手搭成“∧”形，如屋顶状，如图 3-10（c）所示；“在”：左手横伸，掌心向上；右手伸出拇指和小指，由上而下移至左手掌心上，如图 3-10（d）所示；“哪里”：一手伸食指，指尖朝前下方指点几下，如图 3-10（e）所示。

图 3-10　“请问，洗手间在哪里？”手势

十、请往前走，左/右转就是

“请”：双手掌心向上，在腰部向旁移，表示邀请之意，如图 3-11（a）所示；“往前”：一手伸食指向前指一下，如图 3-11（b）所示；“走”：一手食指、中指分开，指尖朝下，交替向前移动，如图 3-11（c）所示，“左”：右手横伸拍一下左臂，“右”：左手横伸拍一下右臂，如图 3-11（d）所示；“转弯”：一手侧立，向前做曲线移动，如图 3-11（e）所示；“就”：左手横伸，掌心向上，右手做字母“J”的手势，然后贴向左手掌心，如图 3-11（e）所示；“是”：一手食指、中指相叠，由上而下挥动一下，如图 3-11（g）所示。

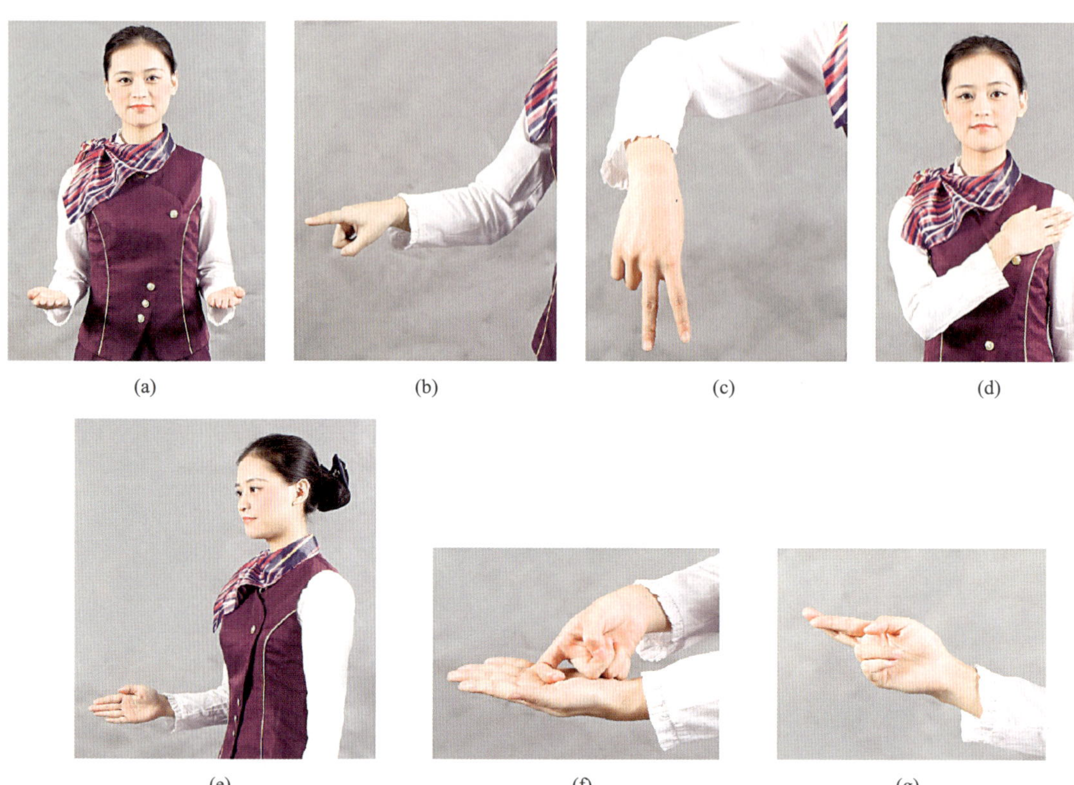

(a) (b) (c) (d)

(e) (f) (g)

图 3-11 “请往前走，左/右转就是”手势

（二）诚心诚意地向乘客道歉

乘客提出投诉后，作为企业的代表、处理投诉事件的当事人，要不时地表示对乘客的同情，如“我们非常遗憾，非常抱歉地听到此事，我们理解你现在的心情！”“谢谢您告诉我这件事！对于发生这类事情，我们感到很遗憾！我们完全理解您的心情！”

1. 道歉的忌讳

道歉的忌讳示例见表 3-2。

表 3-2 道歉的忌讳示例

道歉的忌讳	具 体 内 容
切忌缺乏诚意	道歉最重要的是诚意，是如何把检讨的心意向乘客表白
切忌犹豫不决	如果自己的过失给乘客带来了不好的影响，越是犹豫不决，越是会失去道歉的机会，而且给乘客的印象也不好。因此，要立刻向乘客道歉，越早越好
切忌不及时道歉	当乘客发火或是训斥自己的时候，由于害怕被训斥而沉默，反过来又怕使事情更加严重。而及时道歉还有能挽回损失的机会
切忌道歉时先辩解，试图逃避责任	想道歉又不先道歉，即使辩解主张里有不少合理的成分，那也会使乘客反感，情况恶化。首先要道歉，事后等乘客冷静的时候，再申诉自己的意见和主张

2. 正确的道歉方式

正确的道歉方式示例见表 3-3。

表 3-3　　正确的道歉方式示例

真诚的道歉	具　体　内　容
我向你道歉	"我向你道歉"是一种非常好的道歉表达方式 "不好意思对您造成困扰，我向您道歉。" 千万不能用"我谨代表公司向您道歉"这样的道歉方式。"不好意思对您造成困扰，我向您道歉"则代表了客运服务人员个人的责任态度
哎呀，真是太糟糕了	"哎呀，真是太糟糕了"是非常好的反应，它不仅表达出了客运服务人员对乘客的诚意，还表现出了客运服务人员的同理心，表明在乎乘客的感受，从而表现出诚意
谢谢你	"谢谢您告诉我这件事""谢谢您让我注意到这件事"等都是正面道歉最好的开场白。当"谢谢"出现的时候，客运服务人员抱歉的意味已经传达给乘客，而且有效地避免了用"对不起""真的很抱歉"等糟糕的语言

3. 错误的道歉方式

错误的道歉方式示例见表 3-4。

表 3-4　　错误的道歉方式示例

错误的道歉	具　体　内　容
只说"对不起"	客运服务人员与乘客对话的过程中，一旦对乘客说出"对不起"，在对话的平等方面，客运服务人员就矮了乘客一截，在接下来的处理过程中，就很难再次赢回平等的交谈立场，也就很难与乘客进行沟通了
旨在推诿的"真的很抱歉"	旨在推诿的"真的很抱歉"的道歉非常糟糕，它不仅使客运服务人员被认为没有诚意，还将问题像皮球一样踢来踢去，无法帮助乘客满意地解决问题。"真的很抱歉"不仅代表着客运服务人员不愿意负责任，还表现出客运服务人员没有解决问题的诚意，显示出明显的不愿意负责的心态
冷漠的"谁管你"	客运服务人员的"谁管你"的想法会通过肢体语言传达给乘客，表现出"事不关己，高高挂起"的态度，同时也表明对于公司的忠诚度不够。这时客运服务人员不自知，乘客却清晰地接收到客运服务人员的内心想法

（三）向乘客提供解决方案

只要是乘客投诉处理，都有必要提出解决问题的方案。

1. 提供解决方案时的思考事项

（1）掌握问题重心，分析投诉事件的严重性。通过倾听把握问题的症结之后，要判断问题的严重程度，以及乘客有什么期望。这些都是乘客服务人员在提出解决方案之前必须考虑在内的。

（2）按照企业既定的办法处理。企业一般对于乘客投诉有一套既定的投诉处理方法，在提出解决乘客投诉的办法时，应充分考虑到公司的既定方针。有些问题只要引用既定的办法，便可以收到事半功倍的效果，如退票的处理等。

（3）确定处理者的权限范围。 有些乘客投诉可以由乘客服务人员立即处理，有些就必须报告部门经理，这些都视企业如何规定各层级的处理权限范围而定。在乘客服务人员无法为乘客解决问题时，就必须由具有决定权的人员解决，如果让客服久等之后还得不到回应，将会使其又回复到气愤的情绪上，前面为平息乘客情绪所做的各项努力都会前功尽弃。

2. 让乘客认同解决方案

乘客服务人员所提出的任何解决办法，都必须亲切诚恳地与乘客沟通，并获得对方的同意，否则乘客的情绪还是不能平复。若是乘客对解决方法还不满意，必须进一步了解对方的需求，以便做出新的修正。有一点很重要：对乘客提出解决方案的同时，必须让对方也了解企业为解决问题所付出的诚心与努力。

3. 执行解决方案

当双方都对解决方案满意后，就必须马上执行。假若是权限内可处理的，就快速利落，圆满解决。如果是不能当场解决或是在权限之外的问题，必须明确告知对方事情的缘由、处理的过程和手续，通知对方处理时间以及经办人员的姓名，并且请求对方留下联络方式，以便事后进行跟踪处理。在乘客等待期间，客运服务人员应当随时了解投诉处理过程，有变动就马上通知对方，直到事情完美落幕为止。

实训　乘客投诉处理练习

一、分析投诉对企业与客运服务人员的利弊

论题：1. 讨论投诉对企业的影响。

2. 讨论投诉对客运服务人员的影响。

要求：每 4～6 名学生一组，由组长组织小组就两个论题进行讨论，指定一人汇总大家的意见，写出汇报提纲，再由小组另一名成员代表小组向全班进行陈述。

二、编制倾听能力调查问卷

倾听最大的误区是别人对你讲话时你却在想自己的事，边听边和自己的不同观点相对比，时不时地打断别人的谈话，忽略过程只要求结果，仅听自己想听或愿意听的东西，精力不集中，容易被其他东西干扰等。

给每个句子打分：从不（1 分），有时（2 分），通常如此（3 分），总是如此（4 分）。

（1）在听人说话的时候我能完全控制自己的身体，不摇晃身体，不摆腿，或者表现出不安。

（2）能够做到礼貌地直视对方。

（3）关心的是讲话者在说什么，而不是担心如何看待这个问题或者自己的感受如何。

（4）欣赏时很容易露出笑容和显示出认可的表情。

（5）以点头鼓励讲话者。

根据最后得到的分数，测试一下你的倾听能力：

得分大于 15 分，你的倾听能力非常好；

得分 10～13 分，你处于合适范围，应该进行提升和改进；

得分低于 10 分，那么请认真学习倾听技巧吧。

三、投诉处理

案例：A 地铁车站，早上 7:30，一名男乘客向该站售票员反映，在昨天早上途经该站 2 号通道时，因地面较滑导致其摔伤胳膊（当时乘客由于赶时间没有向车站反映）。今天乘车时又发现通道处有水迹，故向车站投诉。售票员向其了解情况，并报值班站长到现场处理，但由于该乘客赶时间上班便乘车走了，值班站长未能现场解决此投诉。事后，值班站长向服务总台反映了此事。约 9:00 左右，该乘客向总公司反映了此事，并由服务总台转发到车站。该站售票员、值班站长是否要负责任？如何处理该起投诉？

要求：每 4～6 名学生一组，由组长组织小组就案例进行讨论，指定一人汇总大家的意见，写出汇报提纲，再由小组另一名成员代表小组向全班进行陈述。

思维导图

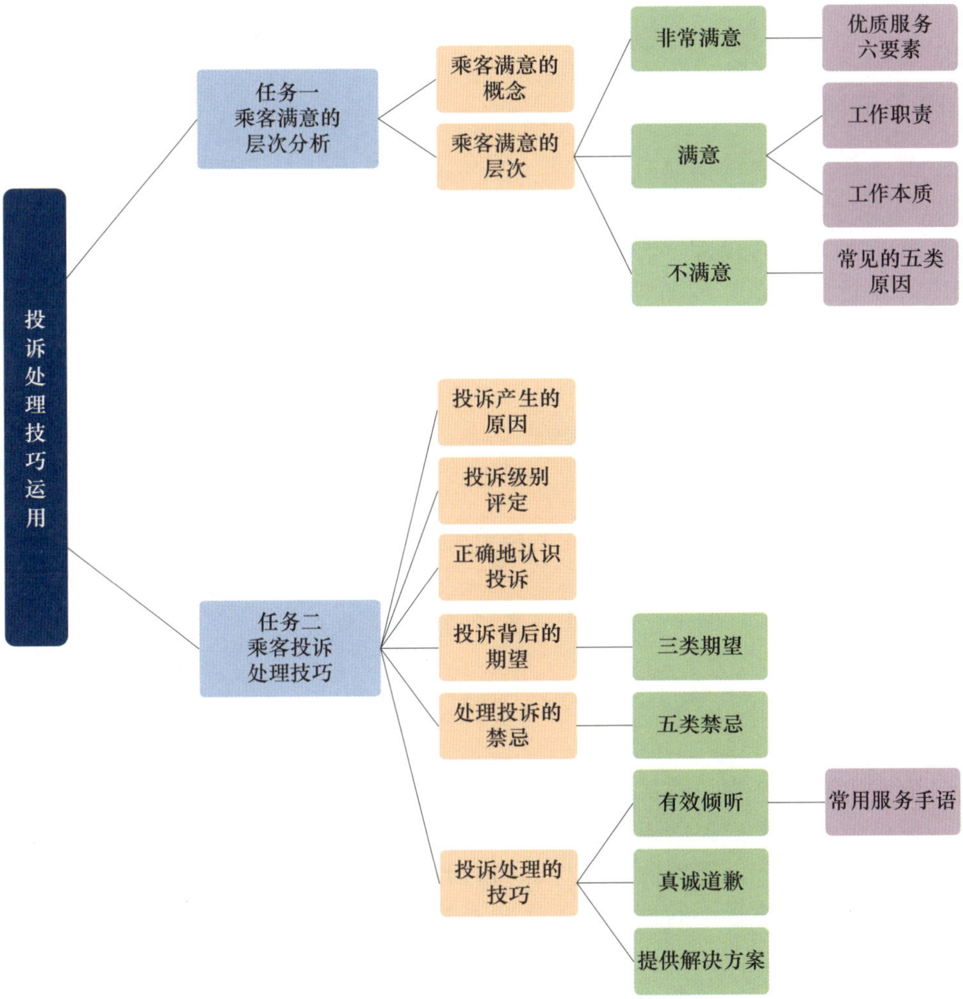

- 投诉处理技巧运用
  - 任务一 乘客满意的层次分析
    - 乘客满意的概念
    - 乘客满意的层次
      - 非常满意
        - 优质服务六要素
      - 满意
        - 工作职责
        - 工作本质
      - 不满意
        - 常见的五类原因
  - 任务二 乘客投诉处理技巧
    - 投诉产生的原因
    - 投诉级别评定
    - 正确地认识投诉
    - 投诉背后的期望
      - 三类期望
    - 处理投诉的禁忌
      - 五类禁忌
    - 投诉处理的技巧
      - 有效倾听
        - 常用服务手语
      - 真诚道歉
      - 提供解决方案

思考与练习

1. 当实习或是春（暑）运期间遇到乘客的投诉时，你会怎么做？
2. 在处理乘客投诉时，你会在哪些情况下请出自己的上司？
3. 当处理完乘客的投诉后，你是控制情绪安心工作，还是和其他同学抱怨？如果有，你是否计算过自己抱怨的次数？
4. 你是否会在处理完乘客的投诉后对自己做得不好的工作进行分析，并做出改进？如果有，你从哪几个方面分析，从哪几个角度进行改进？

项目四　公务礼仪规范运用

课前阅读

领导安排小李前往酒店迎接来公司考察的某地铁公司运营中心张经理一行5人。小李乘坐的是三排七人座轿车。双方见面后，小李安排考察团张经理坐在副驾驶后第三排的位置。可是张经理示意想要坐在副驾驶。几经争让后，张经理不太情愿地坐在了第三排右座。小李认为礼让贵宾是人之常情，对方应该能体谅自己。

学习目标

1. 掌握多场景座次安排及礼规要求；
2. 了解会议组织流程，掌握会务服务的内容与技巧；
3. 熟练掌握办公室礼仪规范要求；
4. 掌握商务谈判、新线开通剪彩等商务活动服务礼仪规范。

任务一　会务组织与服务

会议在现代社会里是人们从事各类有组织活动的一种重要活动。每个公司不论是内部会议还是对外的交流，都离不开会议这种商讨形式。特别是正式会议都有一套完整的工作流程，它保证了会议管理的科学性和规范性。而严谨、热情、周到、细致的会务服务工作，能有效地保证会议的进度，大大提升参会人员的舒适感，一定程度上提高会议的效率。

一、会议分类

按参会人员来分类，会议可以分为公司外部分议和公司内部会议。会议组织可分为会前、会中以及会后三大块。

（一）会前工作流程

会前工作流程，如图4-1所示。

（二）会中工作流程

会中工作流程，如图4-2所示。

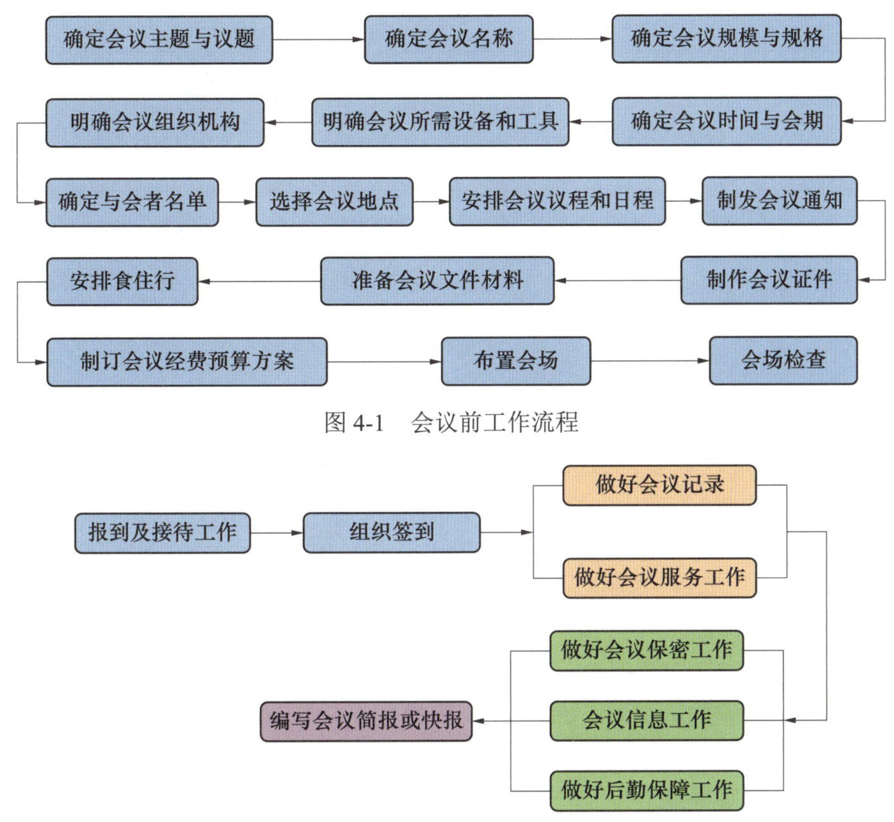

图 4-1　会议前工作流程

图 4-2　会议中工作流程

（三）会后工作流程

会后工作流程，如图 4-3 所示。

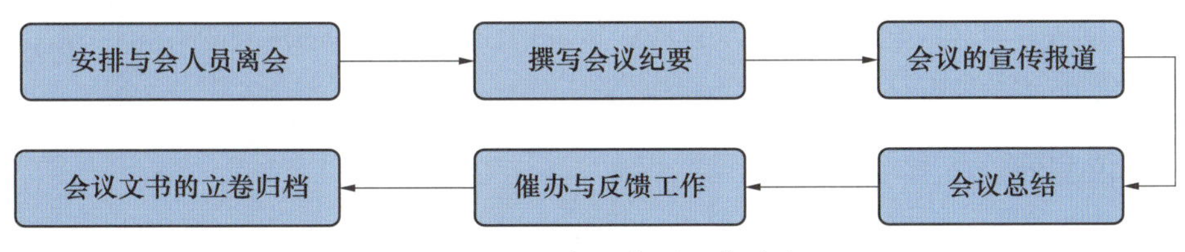

图 4-3　公司会议会后工作流程

二、会前准备

在召开会议前，一定要确保各方面准备妥当。常见的准备事项与要求见表 4-1。

表 4-1　　**常见的准备事项与要求**

项目	准 备 内 容	具 体 要 求
环境准备	桌椅、名牌、照明、空调	根据会议需求及参会人数选择会议室。提前打扫卫生，保证空气、光线良好，温度舒适。制作座位名牌，方便与会人员入座
饮品准备	瓷杯、一次性杯、保温壶、滤壶、托盘、茶叶、抹布	会议常用绿茶，也可多准备 1～2 种茶叶供选择。提前将瓷杯清洗消毒，在会议开始前 10min 将茶沏好，并过滤茶渣，待参会人员入座后，用托盘将茶杯奉上

续表

项目	准备内容	具体要求
签到准备	会务册、名册、签到册、笔	服务人员必须事先了解会议议程，并存有会务册。签到册能查明到会情况，也可根据签到情况安排下一步工作。引导到会人员依序签到，对未签到的要进行核实，以免漏签
视听器材	投影仪、音响、幻灯机、激光笔、电脑	会议前要提前调试各类视听设备与器材
耗品	各类电池、纸巾、稿纸、笔	各类遥控气、激光笔、话筒等的电池。抽纸放于桌面，一般 2～3 人一盒。准备适量的稿纸和笔，以备不时之需

三、与会议者礼仪

（1）会议参加者应衣着整洁、仪表得体、不卑不亢、落落大方。

（2）遵守时间，准时入场，进出有序。在本地开会，应提前 5～10min 到达会场，以便有充裕的时间签名，领取资料并找到就座之处。前往异地参加会议，最好提前一天报到，以便熟悉有关情况。

（3）维持秩序

1）各就各位。出席正式会议时，应在指定之处就座。未获许可时，不要另择座位。

2）保持安静。除正常的鼓掌、发言外，严禁发出任何噪音。中途退场应轻手轻脚、不影响他人。

3）遵守规定。对有关禁止录音、录像、拍照、吸烟以及使用移动电话的具体规定，要认真遵守。

（4）专心听讲。

1）一心一意。当他人发言时，不允许心不在焉，更不得公然忙于他事，不应与旁边的人窃窃私语，或是肆无忌惮地接打手机、收发短信，也不应打呵欠、皱眉头、摇头晃脑、指指点点。

2）支持他人。当自己听取他人发言时，除适当地进行记录外，应注视对方，并在必要时以点头、微笑或掌声表达对对方的支持之意。

四、会议室座次安排

会议室通常有沙发会议室及正式会议室两种，两种会议室的位次排序方式不同。

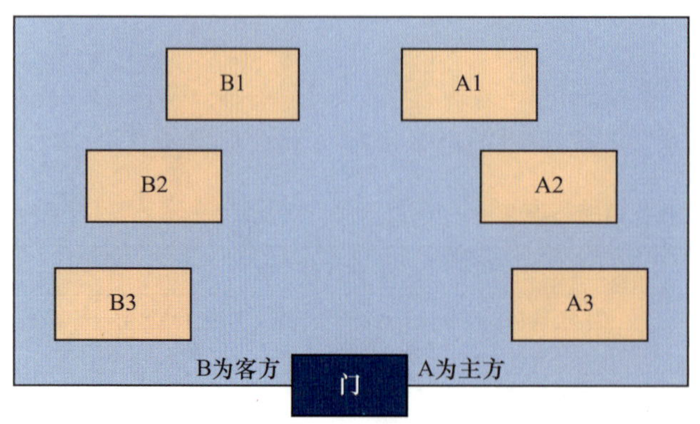

图 4-4 并列式沙发座椅座次排列示意

（1）第一种情况，沙发座椅。这个时候通常是主宾双方并列而坐，主宾间没有会谈桌。多用于礼节性的会晤或是非正式的会议。座次安排的原则是“面门而坐，左主右宾”，即双方一同面门而坐时，主人在左侧，客方应坐在主方的右侧，如图 4-4 所示。

（2）第二种情况，正式会议室。这个时候主宾双方围绕桌子相对而坐，多用于较为正式的会议。座次安排的原则是“进门而观，以右为尊，远门为尊”，即进门后右侧为上座，离门远的为上座，此为客座；左侧之座，近门之座为主方就座，如图 4-5 所示。

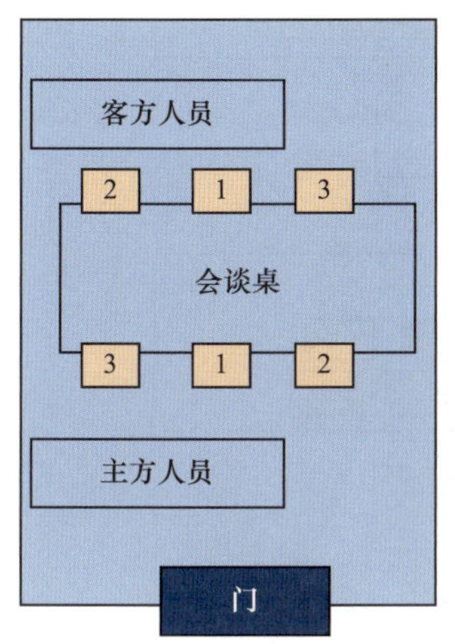

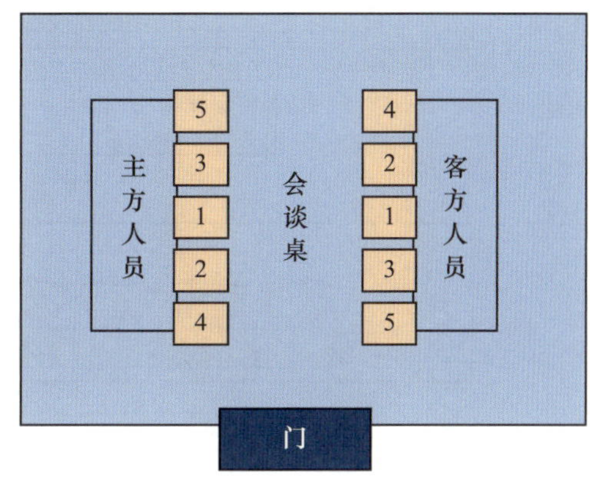

图 4-5 相对式会谈桌座次排列示意

序位礼

位次排列看似排的是座次，实际上排的是尊卑。在日常的工作中，序位无所不在，难以避免，一定要谨慎处理。

一、行进次序

行进次序是指人们在步行中的位次排列顺序。商务人员在陪同领导、宾客时，要特别注意这个问题，不可违反，否则有失礼之嫌。

（1）二人行：前后行时，前为尊，后为次；左右行时，右为上，左为下。

（2）三人并行：中为尊，右为次，左为下。

（3）多人同行：走在最前方的是长辈或职位较高者，而其右后方次之，资历较浅者应行于左后方。

（4）男女同行：女在右，男在左；或女在内侧，男在外侧。

（5）行进到需要开门进入的场所时，男士或职位较低者应先快步向前开门，并向同行的女士或职位较高者通过门口之后再通过。

（6）搭乘自动扶梯时，应保持良好的姿势，并握住双手。靠边站立，让出一侧给继续快速通过的人，在国内是靠右边站立，在英国等国家是靠左边站立。

（7）如果几人同时搭乘自动扶梯，不要并排站立把扶梯占满，应该遵循靠边站立的原则。若携带大件物品，应放在自己前面。

（8）在道路上行走要按惯例走在右侧一方，不可逆行于左侧一方。

二、主席台座次

一般应面对会场入口，遵循“前排高于后排”“中央高于两侧”“左侧高于右侧”的排位原则。不论主席台上就座的领导是单数还是双数，2 号始终在 1 号的左手边，1 号的左侧为双数序列号，1 号的右手边为单数序列号，如图 4-6 所示。

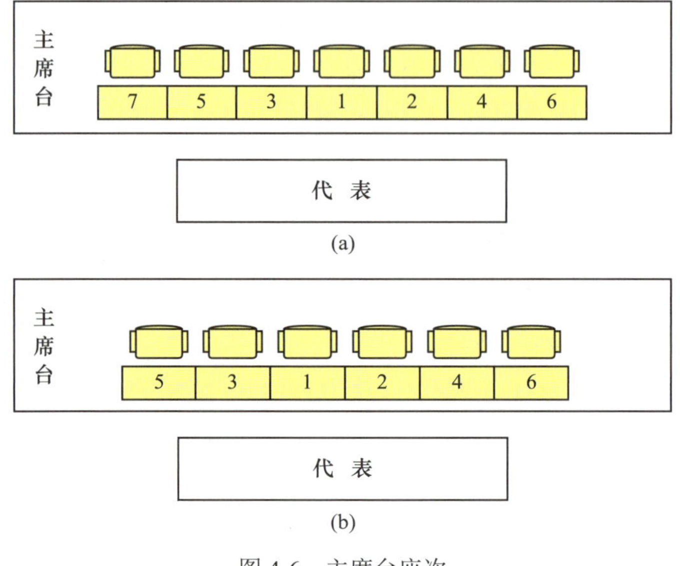

图 4-6　主席台座次

（a）单数排座；（b）双数排座

三、宴席座次

在宴会上，同一张餐桌上席位的具体高低应该遵循“面门为主、远门为上、居中为上、主宾居右”的原则，如图 4-7（a）所示。

当出现双主位时，第二主位则列于主位的对面，其他宾客依照“以右为尊”排列，如图 4-7（b）所示。这种排列方式不容易被大众接受，建议将主位稍微挪开一点，将第二主位设于主位左边，如图 4-7（c）所示。

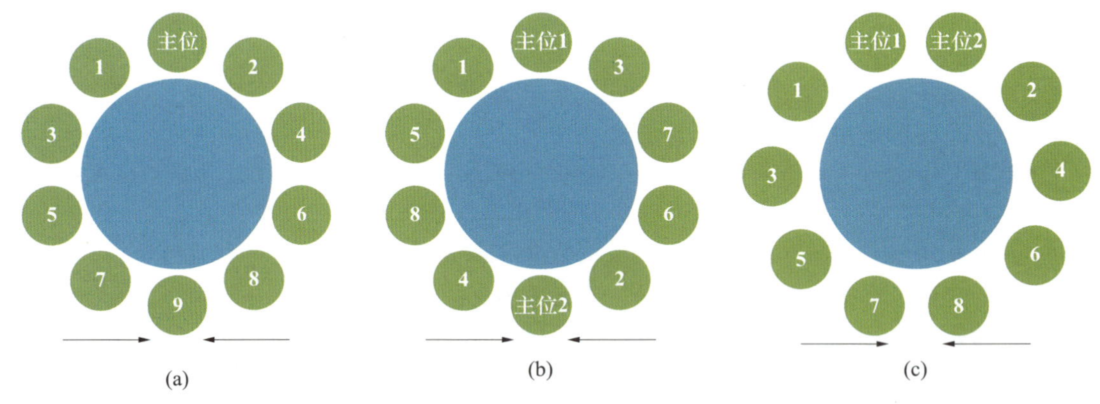

图 4-7　宴席座次

（a）单主位席位排列；（b）双主位席位排列（一）；（c）双主位席位排列（二）

四、乘车的座次

不同类型的轿车，其排列座次的方法有所不同。另外，驾车者的身份也会影响座次的排列。

由主人（尊者）亲自驾驶轿车时，一般遵循“前排为上，以右为尊”的排序原则。在双排五座轿车上，座位由尊而卑依次是副驾驶座、后排右座，后排左座，后排中座，如图 4-8（a）所示。在三排七座轿车上，座位由尊而卑应当依次是：副驾驶座，后排右座，后排中座，后排左座，中排右座，中排左座，如图 4-8（b）所示。

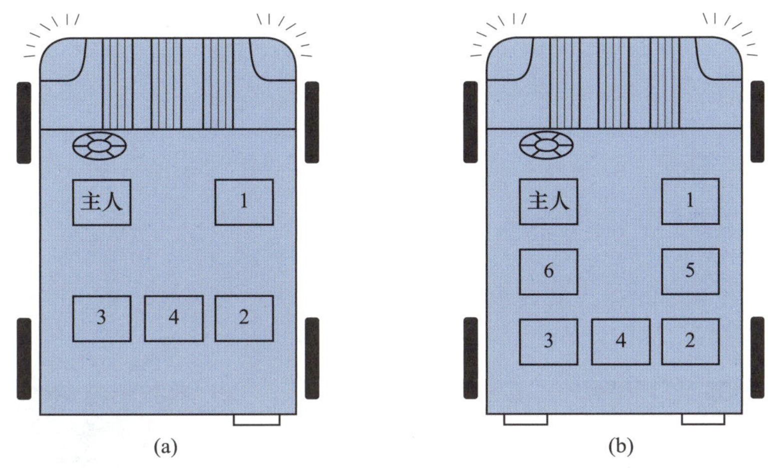

图 4-8　座次排列（一）

（a）双排五座车座次排列；（b）三排七座车座次排列

由专职司机驾驶轿车时，通常遵循“右尊左卑、后尊前卑”的排位原则。在双排五座轿车上，座位由尊而卑应当依次为：后排右座，后排左座，后排中座，副驾驶座，如图 4-9（a）所示。在三排七座轿车上，座位由尊而卑应当依次为：后排右座，后排左座，后排中座，中排右座，中排左座，副驾驶座，如图 4-9（b）所示。

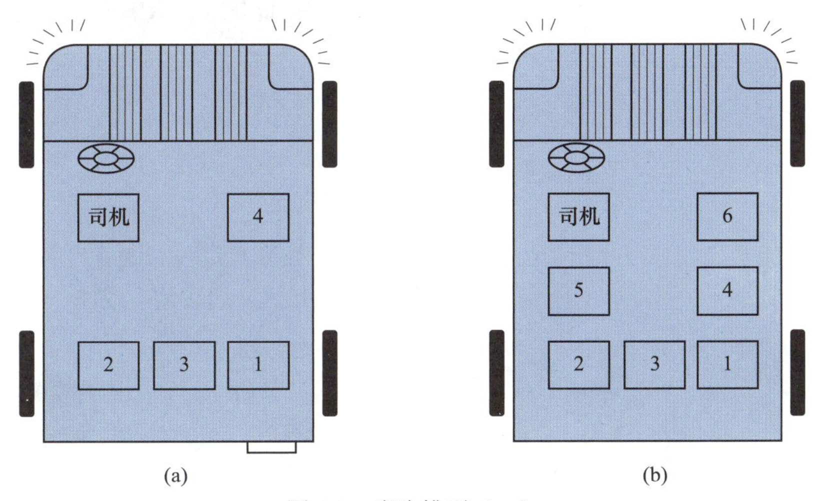

图 4-9　座次排列（二）

（a）双排五座车座次排列图；（b）三排七座车座次排列

当乘坐四排及四排以上座位的大中型轿车时，其不论由何人驾驶，均以前排为上，以后排为下；自右而左；并以距离前门的远近来排定具体座位的顺序。

在正式场合乘坐轿车时，应请尊长、女士、来宾就座于上座，这是给予对方的一种礼遇。然而更为重要的是，不要忘了尊重嘉宾本人的意愿和选择。必须尊重嘉宾本人对轿车座次的选择，嘉宾坐在哪里，即应认定哪里是上座。即便嘉宾不明白座次，坐错了地方，也不要轻易对其指出或纠正。这时务必要讲“主随客便”。

五、会务服务

会务服务人员在立岗迎宾前须再次按要求整理好仪容仪表，以饱满精神、良好形象迎接来宾。

（一）迎宾

1. 立岗

服务人员提前 10min 在门前立岗，面朝贵宾来的方向，面带微笑，丁字步，前腹式手势，迎接来宾，如图 4-10 所示。

2. 问候

离来宾 3m 时，鞠躬问候，致欢迎语：“您好！”并用引导手势指引。一般站于门外迎接，如图 4-11 所示。

图 4-10 门前立岗示范

图 4-11 站于门边引导

（二）引带

服务人员需要引带宾客至相应区域或位置。

1. 引带站位

服务人员在来宾左侧二三步约 1m 之前，配合步调，让来宾走在右侧或内侧，如图 4-12（a）所示。路程较近则保持引领姿势不变至来宾就座；如路程较远，遇转角、楼梯、台阶应提醒来宾。

(a)

(b)

图 4-12 站在宾客左侧引领、引导入座

2. 入座引带

如已安排好固定座位，则应引领至座位前，用斜臂式引导手势请宾客入座，如图 4-12（b）所示；如无固定座位则引领至座位区域。伴服务用语：“您请坐。”

3. 上下楼梯

当引导宾客上楼时，让宾客靠近楼梯扶手上楼，保证安全。与尊长、乘客、异性一起下楼梯时，若较陡，应主动行走在前，以防身后之人或有闪失，如图 4-13 所示。

图 4-13　上下楼梯引领

上下楼梯时，既要注意梯级，还要注意与前后人员保持一定的距离，以防彼此碰撞。除特殊情况外，不宜在楼梯上或转角处深谈，有碍他人通过。

4. 走廊引带

走廊引领时应站在来宾左边，使用引领手势，伴服务用语“您这边请。”其他工作人员在走廊遇见宾客时，需主动避让，微笑示好，如图 4-14 所示。

(a)

(b)

图 4-14　主动避让宾客

5. 进出电梯

将宾客引带至电梯门口，主动上前按门口的“呼梯”按钮，与宾客站在电梯口的右侧候梯，给下电梯的人留出位置。电梯到达后，先下后上，依次上下，不可争先恐后。如果陪同的宾客不止一位，则服务人员先进入厢梯，一手按住“开门”按钮，一手做“请”引导手势；如果服务人员只陪同一位宾客，则由宾客先进电梯，服务人员在外按“呼梯”按钮。电梯到达相应楼层后，服务人员按“开门”按钮，让宾客先出，如图 4-15 所示。

图 4-15 进出电梯示范

（三）介绍

服务人员引带宾客到会议室门口，敲门后，打开门，一只手背手扶门，另一只手伸手示意“请进”。见面双方由“尊者”主动伸手，行握手礼。如果双方不相识，则由接待人员进行介绍。为他人介绍前，可以先说类似：“请让我来介绍一下××”或“请允许我向您介绍一下××”之类的介绍词。

介绍的顺序不是一个可有可无的形式问题，而是涉及个人修养与组织形象，以及公关活动的目的能否如愿达成的大问题。国际上公认的介绍顺序是把年轻者介绍给年长者，把男士介绍给女士，把客人介绍给主人，把职位低的介绍给职位高的。即“尊者有优先知情权”。让尊者首先获得信息，以表示对其尊重，如图 4-16 所示。

图 4-16 为他人介绍示范

（四）握手礼

握手行礼是工作与生活中的基本礼仪，接待人员要对握手的次序有清晰的认识，把握好握手的时机，万不能轻率做出抢先伸手的失礼之举。握手时，通常由位尊者先伸出手来，即“尊者主动”。这里的“尊者”都是相对情况下的“尊者”，包括职位高者、年长者、长辈、上级、女士等，而对应的是职位低者、年幼者、晚辈、下级、男士。这样的原则，使得尊者拥有了主动权，可以依据对后者的印象决定是否跟对方握手，恰到好处地体现对尊者的尊重。当然，如果有“卑者”主动伸手了，“尊者”不能致之不理，建议大方与其握手化解尴尬。

图 4-17　握手示范

除握手的次序外，还应注意握手的姿态。社交场合握手的要领总结成顺口溜就是“目视对方，虎口相对，面带微笑，开口寒暄，用力七分，三秒结束”，如图 4-17 所示。握手时尽可能不接触对方身体的其他部位，另一只也手不能插在口袋里。不能戴手套握手，不能戴墨镜握手；手湿或手上有伤口或疾病时不与他人握手，可以用“点头致意”的方式代替，并加以说明。

（五）序位礼

1. 路面行进

两人并行，右者为尊，引领在左。多人并行，居中为尊，右边次之，左边更次，引领者在左侧。前后分，前者为尊，如来宾不熟悉路况，则引领在前。内外分，内侧为尊，引领在外。站台行走，内侧安全处让于尊者，引领在外侧，即靠近轨道侧。

2. 沙发座次排位原则

居中为尊，以右为尊，远门为尊。当双方一同面门而坐。此时讲究“以右为上”，即主人宜请客人就座在自己的右侧，如图 4-18 所示，图例中 1 为主宾位，2 位主人位。

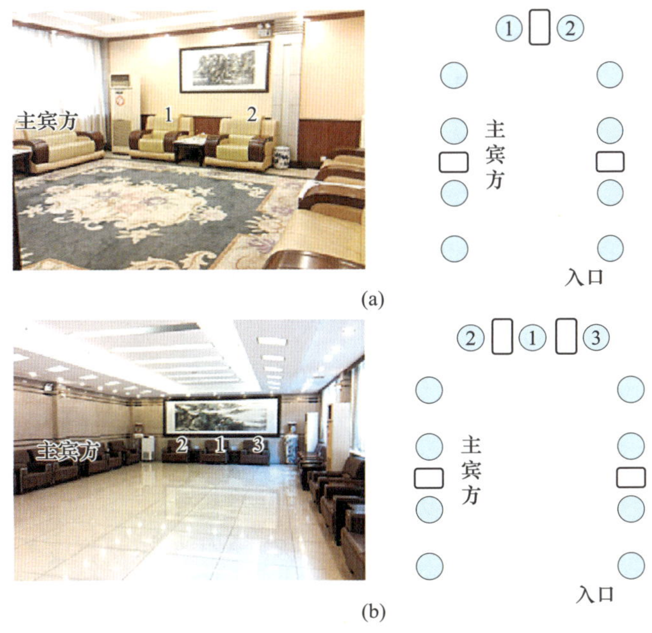

图 4-18　沙发座次排列示例

（a）并列式会客座次排列示例；（b）居中式会客座次排列示例

（六）优质服务

1. 进出房间

出入房间时，应以手轻推、轻拉、轻关房门，绝不可以身体的其他部位“代劳”，如图 4-19 所示。进门时，如已有人在房内，则始终应面向对方，切勿反身关门，背向对方。出门时，若房内依旧有人，则行至房门、关门这一系列的过程中，都应尽时面向房内的人，而不要以背示之。

图 4-19 错误开门方式

2. 奉茶

图 4-20 单人奉茶

引导来宾落座后，应及时奉茶，并主动询问服务需求。如有需要还应汇报上级前来接待。

（1）奉茶时机：座后休息还未开始正式交谈之前。

（2）奉茶顺序：先宾后主；先主宾，再次宾；先长者，后晚辈；先女宾后男宾。如果来宾甚多，且彼此之间差别不大时，则可以上茶者为起点，由近而远上茶；也可以以门为起点，顺时针方向依次上茶；按宾客先来后到为先后顺序上茶。由接待人员自行选择。

（3）奉茶要点：

1）茶杯式样一致，以白瓷杯为首选，不可破损、无污渍。

2）茶水为七、八分满。

3）两人服务时，一人托盘一人奉茶；一人服务时，左手托盘右手奉茶，如图 4-20 所示。

4）“四字”上茶法，如图 4-21 所示：

递——右手持杯耳，左手托杯底，双手奉茶。一人服务多人时，左手托盘，右手持杯耳奉茶。双手奉茶时，切勿将手指搭在茶杯杯口上，或是将手指浸入茶入，免得污染茶水。从宾客后方递杯，将杯置于其右前方。若条件不允许，则从前侧方递杯。尽量不要从其正前方上茶（若座位靠墙摆放，也尽量从宾客侧面上茶）。

放——轻拿轻放，杯底一侧先点桌面，再顺势放下，声音可控制到最小。放置茶杯时，不要把茶杯放在宾客的文件上，或是容易撞翻的地方。

转——将杯耳转向来宾右侧 45℃。伴服务用语："您请用茶。"若对方道谢，服务人员要答以"不客气"。如果上茶时打扰了宾客，则应对其道声"对不起"。

请——如场合需要服务人员保持安静，则用"请"手势，示意请用茶。

当宾客自行携带茶杯时，倒水前要先观察杯中盛的饮品类型，当无法确认时可询问宾客，以便续入恰当的饮品，避免"毁"了宾客的饮品。

(a)

(b)

(c)

(d)

图 4-21 "四字上茶法"示范

（a）递；（b）放；（c）转；（d）请

（4）续水。

1）续水时间：首次为 15～20min，再次为 25～30min，可视情况适当缩短时间，但不可频繁进出。

2）续水顺序：先为尊者或主宾方续水，以顺时针方向续水，依次续水。

3）续水要点：倒水要轻、缓、稳。在续水时，建议在茶壶或水瓶的口部附上一块洁净的毛巾，以防止茶水滴洒。续茶倒七、八分满，手握茶杯的位置，应在其个体高度的 1/2 以下，不要使自己的手指、茶壶口或水瓶口弄脏茶杯。

4）“七字”续水法（以会务接待场景为例）：

拿——左手拿水瓶，右手托底。

站——直立站姿，如从宾客身后续水，应站在宾客右边，右脚插入椅档，在两个椅脚的中间，侧身，如图 4-22 所示。

取——右手无名指和中指夹起杯盖，其余三指握住杯柄，如图 4-22 所示。不可将杯盖铺放在桌面，如图 4-23 所示。

图 4-22 侧身站在宾客右侧取杯细节示范

图 4-23 杯盖铺放取杯错误示范

(a)

(b)

图 4-24 “倒水”“盖”“转”示范

（a）“倒水”示范；（b）“盖”“转”示范

倒——将杯子取出，如图 4-24（a）所示，转身，在宾客的身后续水，以免水滴在桌面或宾客身上。

放——轻拿轻放，杯底一侧先点桌面，再顺势放下，声音可控制到最小。

盖——轻轻盖上杯盖，有时为了尽快散热，可不完全盖上杯盖，如图 4-24（b）所示。

转——手掌朝上，用指尖将杯耳转向来宾右侧 45℃，请宾客用茶，如图 4-24（b）所示。

（5）立服务岗。服务完毕后退出，留两名服务人员立于门口 1m 处随时待命。如要求在场内待命时，应以前腹式站姿立于服务区（或服务车旁），细心观察，及时服务。会中服务做到三轻：走路轻，说话轻，服务轻。

（七）礼貌送宾

送客是接待的最后一个环节，善始善终，送别宾客关系着接待对象对接待方最后印象的形成，如果处理不好将影响到整个接待工作的效果。

宾客离开房间时，服务人员要提醒宾客是否有遗漏物品；宾客离开时，要热情送到门口，并用礼貌用语告别。宾客走后，要迅速进入房间，检查有无宾客遗忘的物品，如有遗忘物品应立即派人追送；如送不到，则及时通知宾客，并设法送达。

1. 立岗送宾

服务人员面朝宾客方向，服务式站姿。离来宾 3m 处，鞠躬告别，如图 2-4 所示。伴礼貌用语："您慢走/好走！"至宾客身影完全消失后才可撤岗。

2. 引领送宾

宾客乘坐汽车，服务人员引领至快靠近汽车时，加快几步打开车门扶好，待宾客上车后，鞠躬告别。

当宾客所乘的交通工具离去时，要向其挥手致意。特别注意，当对方所乘的交通工具未启动或离去时，接待人员不要先行离开。

图 4-25　送宾

实训　会务组织与服务练习

一、会务服务

情境：运营中心为表彰一年来为公司发展做出突出贡献的工作人员，将举行年终总结表彰会议。公司7位领导将全部出席，会议由分管客服的张经理主持，刘总经理将做重要讲话，有2位典型代表将发言，与会人员约50人。就此次会议进行安排，并演练会议服务过程。

演练组织：指定7位同学担任上述不同角色，其他同学扮演与会者。

点评要点：考察座位安排，训练主持人、发言人及与会者、服务者的礼仪技巧运用能力。

二、电梯礼仪

情境：小丁与3位同事今天在公司四楼某办公办事，事已办妥，准备乘电梯下楼。此时，电梯从上层下来且门已打开，里面已有7人（电梯可载量为8人），其中有2人（带牌的）准备出电梯。演练等电梯、进出电梯礼仪。

演练组织：A组派4位同学（2男2女），B组派7位同学参与（其中有2位以上女生），C组和D组观摩并派代表点评。

点评要点：可从7人在电梯箱内的站位、礼让及A组4位同学的处理表现情况来评判。

三、引带礼仪

情境：刘总到公司后，领导派小王接待并引领参观。

演练组织：请2位同学参与情景中人物的扮演，其他同学观摩并点评。

（1）现在正走在小道上（演练位序）。

（2）马上拐弯（演练手势、语言，如说“这边请”等）。

（3）现在上楼梯（演练语言和位序，如说“注意楼梯”“当心”“有台阶，请走好”等）。

（4）现在下楼（演练手势、语言和位序）。

（5）楼梯有栏杆，假如栏杆在右（演练位序）。

点评要点：位序排定是否准确，手势及语言的规范性等。

四、出入房间礼仪

演练组织：

（1）请1人上台，演练进入房间，门是虚掩的，里面有人，出门，里面有人。

（2）另外再请3人上台（1男2女），演练从门外正想进去，而此时房内1人准备出来时的情境。

点评要点：敲门、推门、关门、告辞时朝向，语言、握手及进入顺序等规范要求。

五、行进礼仪

情境：小王和小赵两位是同事，平时经常并排走，现在两人要去二楼主任办公室，正走在走廊上，迎面走来一人。

演练组织：

（1）假如正好有一人在下楼梯，与两人对向交汇。

（2）假如走廊可容纳两人并行情况下的避让情境。

（3）假如走廊仅能容一人情况下的避让情境。

点评要点：平行行进、上下楼梯、走廊行进礼仪、礼让表现。

任务二　会面礼仪

会面，通常是指在较为正式的场合与他人相见。在工作中，不可避免地要与各种各样的人交往。见面时，礼节决定了今后交往的亲疏程度。如有不当，轻则见笑于人，重则破坏双方交往的效果，甚至有碍交往的进一步深入，影响工作效率。说到底，办公室礼仪中，最为重要的一点就是对同事及宾客的尊重。要尊重他人的隐私和习惯，分清公共区域及私人空间。这些礼节一般包括：称呼、介绍、问候、办公场景礼仪规范等。

一、称谓礼仪

称谓礼仪是在对亲属、朋友、同志或其他有关人员称呼时所使用的一种规范性礼貌语，准确的称谓能恰当地体现出当事人之间的隶属关系。人际交往，礼貌当先；与人交谈，称谓当先。使用称谓，应当谨慎，稍有差错，便贻笑于人。恰当地使用称谓，是社交活动中的一种基本礼貌。称谓要表现尊敬、亲切和文雅，使双方心灵沟通，感情融洽，缩短彼此距离。正确地掌握和运用称谓，是人际交往中不可缺少的礼仪因素。

一般情况下，同时与多人打招呼，应遵循先长后幼、先上后下、先近后远、先女后男、先疏后亲的原则。进行人际交往，在使用称呼时，一定要避免失敬于人。称呼时应注意以下细节：

（1）不因粗心大意，用心不专而使用错误的称呼。如念错被称呼者的姓名；对被称呼者的年纪、辈分、婚否以及与其他人的关系作出错误判断，产生误会。

（2）不使用过时的称呼。如“老爷”“大人”等。

（3）不使用不通行的称呼。如“伙计”“爱人”“小鬼”等。

（4）不使用容易误会的行业称呼。如“司机”“小姐”等。

（5）不使用庸俗低级的称呼。如“姐们”“死党”“铁哥们儿”等称呼。

（6）不使用绰号作为称呼，不随便拿别人的姓名乱开玩笑。

（7）对年长者称呼要恭敬，不可直呼其名。

常用的称谓方式有下面四种。

1. 姓名称谓

姓名，即一个人的姓氏和名字。姓名称谓是使用比较普遍的一种称呼形式。用法大致有以下几种情况：

全姓名称谓，即直呼其姓和名。如张伟、王健能等。全姓名称谓有一种庄严感、严肃感，一般用于学校、部队或其他等郑重场合。

名字称谓，即省去姓氏，只呼其名字，如大伟、健能等，这样称呼显得既礼貌又亲切，运用场合比较广泛。

姓氏加修饰称谓，即在姓之前加一修饰字。如老李、小刘、大陈等，这种称呼亲切、真挚。一般用于在一起工作、劳动和生活中相互比较熟悉的朋友、同事之间。

2. 亲属称谓

亲属称谓是对有亲缘关系的人的称呼，中国人在亲属称谓上尤为讲究，习惯用敬称与谦称，主要有：

（1）对亲属的长辈、平辈决不称呼姓名、字号，而按与自己的关系称呼。如祖父、父亲、母亲、胞兄、胞妹等。

（2）有姻缘关系的，前面加“姻”字，如姻伯、姻兄、姻妹等。

（3）称别人的亲属时，加“令”或“尊”。如尊翁、令堂、令郎、令爱等。

（4）对别人称自己的亲属时，前面加“家”，如家父、家母、家叔、家兄等。

（5）对别人称自己的平辈、晚辈亲属，前面加“敝”或“舍”或“小”。如敝兄、敝弟，或舍弟、舍侄，小儿、小婿等。

（6）对自己亲属谦称，可加“愚”字，如愚伯、愚岳、愚兄等。

随着社会的进步，人与人的关系发生了巨大变化，原有的亲属、家庭观念也发生了很大的改变。在亲属称谓上已没有那么多讲究，只是书面语言上偶用。在日常生活中，使用亲属称谓时，一般都是称自己与亲属的关系，十分简洁明了，如爸爸、妈妈、哥哥、弟弟、姐姐、妹妹等。

称别人的亲属时和对别人称自己的亲属时也不那么讲究了，如您爹、您妈、我哥、我弟等。不过在书面语言上，文化修养高的人，还是比较讲究的，不少仍沿袭传统的称谓方法，显得高雅、礼貌。

3. 职务称谓

职务称谓就是用所担任的职务作称呼。这种称谓方式，古已有之，目的是不称呼其姓名、字号，以表尊敬、爱戴，如对杜甫，因他当过工部员外郎而被称“杜工部”，诸葛亮因是蜀国丞相而被称“诸葛丞相”等。现在人们用职务称谓的现象已相当普遍，目的也是为了表示对对方的尊敬和礼貌，主要有三种形式：

（1）称呼职务。如李局长、张科长、刘经理、李书记等。

（2）称呼专业技术职务。如李教授、张高工、刘医师。

（3）称呼职业。职业尊称，即用其从事的职业工作当作称谓，如李老师、赵大夫、刘会计，不少行业可以用“师傅”相称。

4. 性别称呼

一般约定俗成地按性别的不同分别称呼为女士、先生。其中，小姐、女士二者的区别在于：未婚者称小姐，不明确婚否者则可称女士。但由于地域文化差异，小姐在北方地区要慎用。

城市轨道交通客运服务人员可以通称“乘客”，或是女士、先生、小朋友。

图 4-26 见面问候

二、问候礼仪

一天工作的良好开端应从相互打招呼、问候开始。早晨上班时，互相问候“早晨好！”“早上好！”等（上午10点钟前）。因公外出应向站内或同室的其他人打招呼。在单位或外出时遇见客人，应面带微笑主动上前打招呼。下班时也应相互打招呼后再离开。如“明天见”“再见”“Bye-Bye”等，如图 4-26 所示。问候是敬意的一种表示，当问候他人时，在态度上需要注意以下四点：

（1）主动。问候他人应当积极、主动。当他人首先问候自己之后，应立即予以回应。

（2）热情。在问候他人时，通常应表现得热情而友好。毫无表情或者表情冷漠都是应当避免的。

（3）自然。问候他人时主动、热情的态度，必须表现得自然而大方。矫揉造作、神态夸张，或者扭扭捏捏，都不会给他人留下好的印象。

（4）专注。在对其交往对象进行问候时，应当面含笑意，以双目注视对方，做到话到、眼到、意到。

（一）文明用语

他人来访或遇到陌生人时，应使用文明礼貌语言。初次见面或当天第一次见面时使用。清晨（十点钟以前）可使用“早上好”或“您早”等，其他时间使用“您好”或“你好”。在使用第二人称时，用“您”比用“你”更显敬重，而用“老师您”“叔叔您”“经理您”比单用“您”也更显敬重。此外，用量词“位”也可表示尊重，如说“这位同学”比说“这个同学”要好。

（二）礼貌用语

提倡使用十字文明用语：您好、请、谢谢、对不起、再见。

（三）敬语与谦词

初次见面用“久仰”，好久不见用“久违”。

看望别人用“拜访”，答人问候用“托福”。

领导到来用“莅临”，宾客到访用“光临”。

欢迎乘客用“光顾”，迎接表歉用“失迎”。

认人不清用“眼拙”，不知事宜用“冒昧”。

等候客人用“恭候”，让人等待用“稍候”。

陪伴友人用“奉陪”，中途先走用“失陪”。

请人指导用“请教”，请人批评用“指正”。

请人指点用“赐教”，请人改文用“斧正”。

赞人见解用“高见”，自身意见用“拙见”。

请人帮忙用“劳驾”，请求方便用“借光”。

麻烦别人用“打扰”，托人办事用“拜托”。

读人文章用“拜读”，对方来信用“惠书”。

问人姓名用“贵姓”，向人表歉用“失敬”。

问人年龄用“贵庚”，老人年龄用“高寿”。

对方字画用“墨宝”，归还原物用“奉还”，

招待不周用“怠慢”，请人原谅用“包涵”。

与人分别用“告辞”，请人勿送用“留步”。

三、进出房间礼仪

进入他人办公室前应该敲门，即使门是开的也应敲门。敲门时用手指的中间关节轻敲三下，如图 4-27（a）所示。如果没有反应则再重复一遍。不能用手掌拍门、用拳头捶门或是用脚踹门。得到允许后方能进入。若手里拿着东西，应先将东西放下再开门或关门，也可以

请他人帮忙，切不可用身体的其他部分来帮忙。

(a)

(b)

图 4-27 敲门及开门示范

（a）进门前先敲门；（b）为客人开门示范

当与“尊者”一起进入办公室时，应该走上前去把门拉开，然后让“尊者”先进入。如果是向内开的，就先把门推开，然后扶住房门，让后面的“尊者”进入。

当为客人开门时，注意用靠近门一侧的手将门打开后，用手扶住门，以防门自动回位或风将门带回去，碰伤客人，如图 4-27（b）所示。

轻推房门进入办公室后，如房内有人，则始终应面向对方，侧身将门关上。出门关门时，都应尽量面向房内的人，而不要以背示人，如图 4-28 所示。

图 4-28 关门示范

四、通联礼仪

（一）电话礼仪

打电话之前应将需沟通的事项罗列出来，以免通话过程中忘记。打电话前还应考虑何时打电话可让对方方便。在别人不方便时电话打扰是很不礼貌的行为。如果不得不在对方不方便的时候打扰，应当表示歉意并说明原因。工作电话避免在午休时间或下班时间打，尤其是晚上 22 点后到早上 7 点前。

电话拨通后，应先说一声“您好”，得到明确答复后，报出自己要找的人的姓名。如电话号码拨错了，应向对方表示歉意。通话时要用心听，最好边听边做笔记，如图 4-29 所示。不可边打电话边和身边的人聊天，不得不暂时中断通话时，应向对方说：“对不起，请稍等一会儿。”通话时间要适可而止，一般通话时间不超过 3min。通话结束前，可以把刚才谈过的问题适当重复和总结一下，放话筒时动作要轻。

图 4-29　养成做电话记录的良好习惯

听到电话铃声，应尽快去接电话，一般要在电话铃声响 3 声内接起电话，延迟太久接电话应先致歉。接通电话后先报单位（部门）名称或人名，接听电话时口中不要吃东西或含着东西，通话时应该声调适中，语气柔和沉稳。

接打电话时，还应注意以下事项：

（1）声音的控制。接打电话要让声音听起来充满表现力，声音要亲切自然，使对方感受到自己精神饱满、全神贯注、认真敬业的人；说话时面带微笑，微笑的声音富有感染力，可以通过电话传递给对方。

（2）电话用语。语言表达尽量简洁明白，吐字要清晰，不要对话筒发出咳嗽或吐痰声。称呼对方时要加头衔，不可直呼其名。

（3）线路中断或故障时。当通话时线路突然中断，拨打电话的一方应负责重拨，接通后应先表示歉意，如果在一定时间内打电话的一方仍未重拨，接电话的一方也可拨过去。

（4）挂电话的顺序。一般应遵循“谁打电话谁先挂电话”的原则。但当与“尊者”通电话时，理应让“尊者”先挂电话。

（5）准时等候约定的回电。如果约定某人某时回电话，届时一定要开手机或在电话机旁等候。有事需离开时，务必告诉同事自己返回的准确时间，以防打来电话时同事无从应答。

（6）妥善处理留言。对电话留言要及时给予答复，如回电话时恰遇对方不在，一定要留言，表明已经回过电话。如果自己确实无法亲自回电，也要托他人代办。

（7）通话时受到各种干扰。如果自己走进别人办公室时，正好别人在通电话，应轻声道歉并迅速退出；如对方示意自己坐下稍候，可坐在一旁等待，但决不可出声干扰；如确有急事非要打断正在打电话的人，只能将要谈的问题写在便条上放在他的眼前，然后退出。

（二）使用手机的礼仪

移动电话时现代生活中最便捷的通信工具。手机和座机一样，使用中也有一些事项应该特别注意：

（1）在办公时间接打私人电话时，应尽快结束通话。如果遇到急事或重要的事需要较长时间通话时，可走到办公室外的走廊尽头接听。切勿在走廊上来回走动接打电话。

（2）在参加需高度保密的重要会议时，不要携带手机进场，如果携带手机进场，要关闭手机电源，并将手机电池取出。

（3）在重要聚会、重要仪式、电影院、观看比赛等场合，应将手机设置为静音状态或暂时关机。若有重要来电必须接听时，应迅速离开，再开始与对方通话；如实在不能离开，则要压低声音，不得影响在场的其他人。

（4）在加油站、乘坐飞机时、参加音乐会、观看需要特别安静的比赛（如射击、台球比赛）等一些特定场合应将手机关闭。

（5）平时与人一起进餐时最好不要打手机。如果有电话，最好说一声“对不起”再接，而且通话一定要简短。

（三）使用传真机的礼仪

传真机是远程通信方面的重要工具，起草传真稿时应做到简明扼要，文明有礼。

（1）在发传真前，应先打电话通知对方。

（2）在发传真前，应在文件顶端注明收件人及文件页数，以便对方收件。

（3）在收到他人的传真后，应在第一时间内采取适当的方式告知对方。

（4）书写传真件时，在语气和行文风格上，应做到清楚、简洁，且有礼貌。

（5）不可用传真机发感谢信和邀请函，以及秘密文件。

（四）收发电子邮件礼仪

（1）邮箱地址栏中的联系人信息要填写完整，一般备注其工作单位、部门、姓名、职务，不能备注昵称，因为收件人在收信时能看到自己的收件地址及备注信息。

（2）书写电子邮件时，语言要简略，所用字体和字号大小要让收件人看起来不费力，写完后检查有无拼写错误等问题。

（3）发送电子邮件时，应有直观、准确的标题，以便收件人及时查阅。重要的电子邮件可以发送两次，确保发送成功。发送完毕后，可通过电话等询问是否收到邮件，通知收件人及时接收阅读。

（4）发送附件时要确保附件已上传成功，还要考虑对方是否装有阅读该文件的软件。

（5）接收电子邮件时，应尽快回复来信。

（6）工作邮箱不要用来传递私人邮件。

实训　会面礼仪练习

情境：站务员小李母校的老师们到车站与车站领导会谈校企共建事宜。站长特别安排小李负责接待。

演练组织：每五位同学一组，分饰不同角色进行表演。

点评要点：考察称呼、见面行礼、敲门、引带、介绍、交谈、送宾等规范细节。

任务三　剪　彩　礼　仪

剪彩仪式，指的是商界有关单位为了庆贺公司设立、企业开工、银行开业、大型建筑物启用、道路开通或展会开幕而隆重举行的一项礼仪性活动。在地铁公司，按照惯例会举行每次新线开通剪彩仪式。

剪彩仪式的主要活动内容是约请专人使用剪刀剪断被称为“彩”的红色缎带，故被人们称为“剪彩”。在这个任务中，关键是要选择好剪彩的人员，这里包括剪彩者和助剪者。剪彩者在剪彩时的位次排定和相关的礼仪要求也是应该注意的内容。对于剪彩仪式的程序，应该熟知每一步操作。

一、剪彩仪式前的准备

（一）场地布置

剪彩仪式中，场地的环境卫生、灯光与音响的准备、媒体的邀请、人员的培训等，必须认真细致，精益求精。

（二）物品准备

剪彩仪式上有些必备用具，诸如红色缎带、新剪刀、白色薄纱手套、托盘及红色地毯等，如图 4-30 所示，要仔细地进行选择与准备。

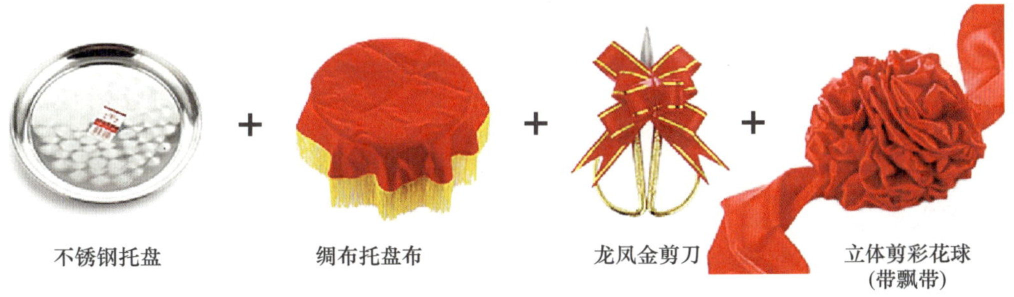

图 4-30　剪彩主要物品

1. 红色缎带

按照传统做法，应由一整块未曾使用过的红色绸缎，在中间结成数朵花团而成。红色缎带上所结的花团，不仅要硕大、醒目，而且具体数目往往还同现场剪彩者的人数直接相关。有两类模式可选择，其一，花团的数目比现场剪彩的人数多一个；其二，花团的数目比现场剪彩的人数少一个。前者可使每位剪彩者总是处于两朵花团之间，尤显正式。后者则不同常规，也有新意，如图 4-31 所示。

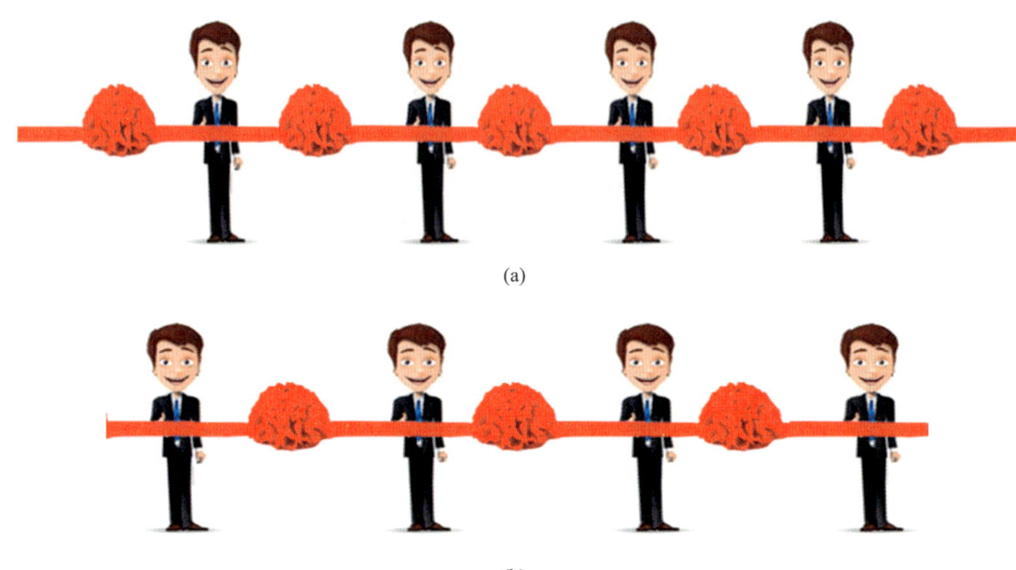

(a)

(b)

图 4-31 “彩球”安排模式

2. 新剪刀

剪刀必须是每位现场剪彩者人手一把，而且必须崭新、锋利而顺手。

3. 白色薄纱手套

这是专为剪彩者所准备的。在正式剪彩时，最好每人戴上一副白色薄纱手套，以示郑重其事。

4. 托盘

最好是崭新、洁净的。通常选用金、银色的不锈钢盘。为显示正规，可在使用时铺上红色绒布或绸布。就其数量而论，在剪彩时，可以一个托盘盛放剪刀与手套，并同时盛放红色缎带；也可以为每一位剪彩者配置一个专为其服务的托盘，红色缎带由另一个托盘盛放。

5. 红色地毯

主要用于铺设在剪彩者正式剪彩时的站立处。其长度可视剪彩者人数的多寡而定，宽度则应在一米或一米以上。在剪彩现场铺设红色地毯，主要是为了提升仪式档次，营造一种喜庆的气氛。

（三）人员选定

剪彩者是剪彩仪式上的关键人物，对剪彩者必须认真进行选择，并事先对其进行必要的培训。剪彩人员主要由剪彩者与助剪者构成。剪彩者多由剪彩嘉宾、企业负责人、合作伙伴、社会名流、员工代表或乘客代表担任。根据惯例，剪彩者可以是一个人，也可以是几个人，但是一般不多于五人。助剪者主要负责引导宾客、拉彩带、捧花、递剪刀等工作。助剪者一般要求文雅、大方、庄重，穿着打扮尽量整齐划一。

二、正式剪彩

剪彩仪式宜紧凑、忌拖沓，所耗时间越短越好，短则一刻钟即可，长则至多不超过一个小时。通常包括六个基本程序。剪彩仪式的流程如图 4-32 所示。

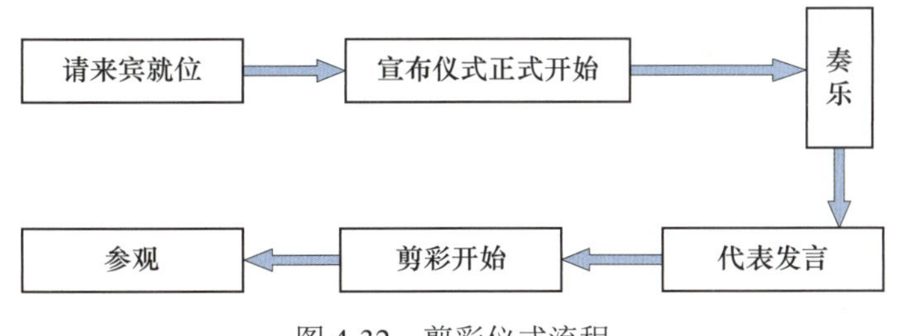

图 4-32　剪彩仪式流程

1. 请来宾就位

在剪彩仪式上，通常只为剪彩者、来宾和本单位的负责人安排座位。在剪彩仪式开始时，即应请大家在已排好顺序的座位上就座。

2. 宣布仪式正式开始

在主持人宣布仪式开始后，乐队应演奏音乐。全体到场者需热烈鼓掌。此后，主持人应向全体到场者介绍到场的重要来宾。

3. 奏乐

奏国歌时须全场起立。必要时也可接着演奏本单位的标志性歌曲。

4. 代表发言

发言者依次应为东道主单位的代表、上级主管部门的代表、地方政府的代表、合作单位的代表等。其内容应言简意赅，每人不超过 3min，重点应为介绍、道谢与致贺。

5. 剪彩开始

剪彩开始时，全体应热烈鼓掌，必要时还可奏乐。

6. 参观

剪彩之后，主人应陪同来宾参观被剪彩之物。仪式至此宣告结束。随后，东道主单位可向来宾赠送纪念性礼品，并以自助餐款待全体来宾。

三、主剪彩人的位置

若剪彩者仅为一人，则其剪彩时居中而立即可。若剪彩者不止一人时，则同时上场剪彩时位次的尊卑就必须予以重视。一般的规矩是：中间高于两侧，右侧高于左侧，距离中间站立者越远位次越低，即主剪者应居于中央的位置。

剪彩人员礼仪要求

一、剪彩者的礼仪要求

剪彩者是剪彩仪式的主角，因此，更易于为人们和媒体所关注。剪彩者在仪式上的举止行为，要特别注意做到符合礼仪规范。按照常规，剪彩者应着套装、套裙或制服，并将头发梳理整齐，不允许戴帽子、墨镜，也不允许穿着便装。

剪彩者若不止一人，则其登台时也应列成一行，并且使主剪者行进在前。在主持人向全体到场者介绍剪彩者时，后者应面含微笑地向大家欠身或点头致意。在正式剪彩前，剪彩者应首先向拉彩者、捧花者示意，待其有所准备后，集中精力，右手手持剪刀，表情庄重地将红色缎带一刀剪断。若多名剪彩者同时剪彩时，其他剪彩者应注意主剪者的动作，与其主动协调一致，力争大家同时将红色缎带剪断。按照惯例，剪彩以后，红色花团应准确无误地落入托盘者手中的托盘里，而切勿使之坠地。

剪彩者在剪彩成功后，可以用右手举起剪刀，面向全体到场者致意。然后将剪刀、手套放于托盘之内，举手鼓掌；接下来，可依次与主人握手道喜，并列队在引导者的引导下退场。退场时，一般宜从右侧下台。

二、助剪者的礼仪要求

（1）形象端庄。助剪者的基本条件是，相貌较好、身材高挑、年轻健康、气质高雅、音色甜美、反应敏捷、机智灵活，善于交际。

助剪者一般为礼仪小姐。最佳装束应为：化淡妆，盘起头发，穿款式，面料、色彩统一的单色旗袍，配肉色连裤丝袜，黑色高跟皮鞋，尽可能不佩戴首饰。

（2）举止行为要规范。在上场时，礼仪小姐应排成一行。从两侧同时登台或从右侧登台。登台之后，接彩者与捧花者应站成一行，拉彩者处于两端拉直红色缎带，捧花者各自双手捧一朵花团。托盘者须站立在拉彩者与捧花者身后 1m 左右，并自成一行。

在剪彩者登台时，引导者应在其左前方进行引导，使之各就各位。当剪彩者均已到达既定位置之后，托盘者应前行一步，到达前者的右后侧，以便为其递上剪刀、手套。最后，待剪彩者退场后，礼仪小姐方可列队由右侧退场。

（3）在仪式进行中，礼仪小姐因训练有素，走有走姿，站有站相，整齐有序，动作一致。尤其应注意的是，始终保持微笑。如遇意外情况，礼仪小姐需能平静地处理。

（4）等剪彩者退场后，其他礼仪小姐方可列队由右侧退场。不管是剪彩者还是助剪者，在上、下场时，都要井然有序、步履稳健、神态自然。在剪彩过程中，更是要表现得不卑不亢、落落大方。

三、剪彩位次排定礼仪

若剪彩者仅为一人，则其剪彩时居中而立即可。若剪彩者不止一人，则其同时上场，剪彩时位次的尊卑就必须予以重视。一般的序位是：中间高于两侧，右侧高于左侧，距离中间站立者越远位次便越低，即主剪者应居于中央的位置。需要说明的是，之所以规定剪彩者的位次“右侧高于左侧”，主要是因为这是一项国际惯例，剪彩仪式理当遵守。其实，若剪彩仪式并无外宾参加，则可执行我国“左侧高于右侧”的传统。

实训 剪彩礼仪练习

情境：某市地铁新线开通，邀请了 6 名剪彩嘉宾参加剪彩。

演练组织：每 15 人分成一组，指定 1 名组长，根据上述情境进行场景训练。演示剪彩仪式流程和位次排定，重点演练剪彩人员在整个剪彩仪式活动中的技能点。

教具：纸色缎带（或用红绳）、剪刀、白色薄纱手套、托盘、红绸（布）等。

点评要点：考察剪彩仪式的流程、剪彩者和助剪者序位与站位、剪彩仪式上的各项礼仪细节。

思维导图

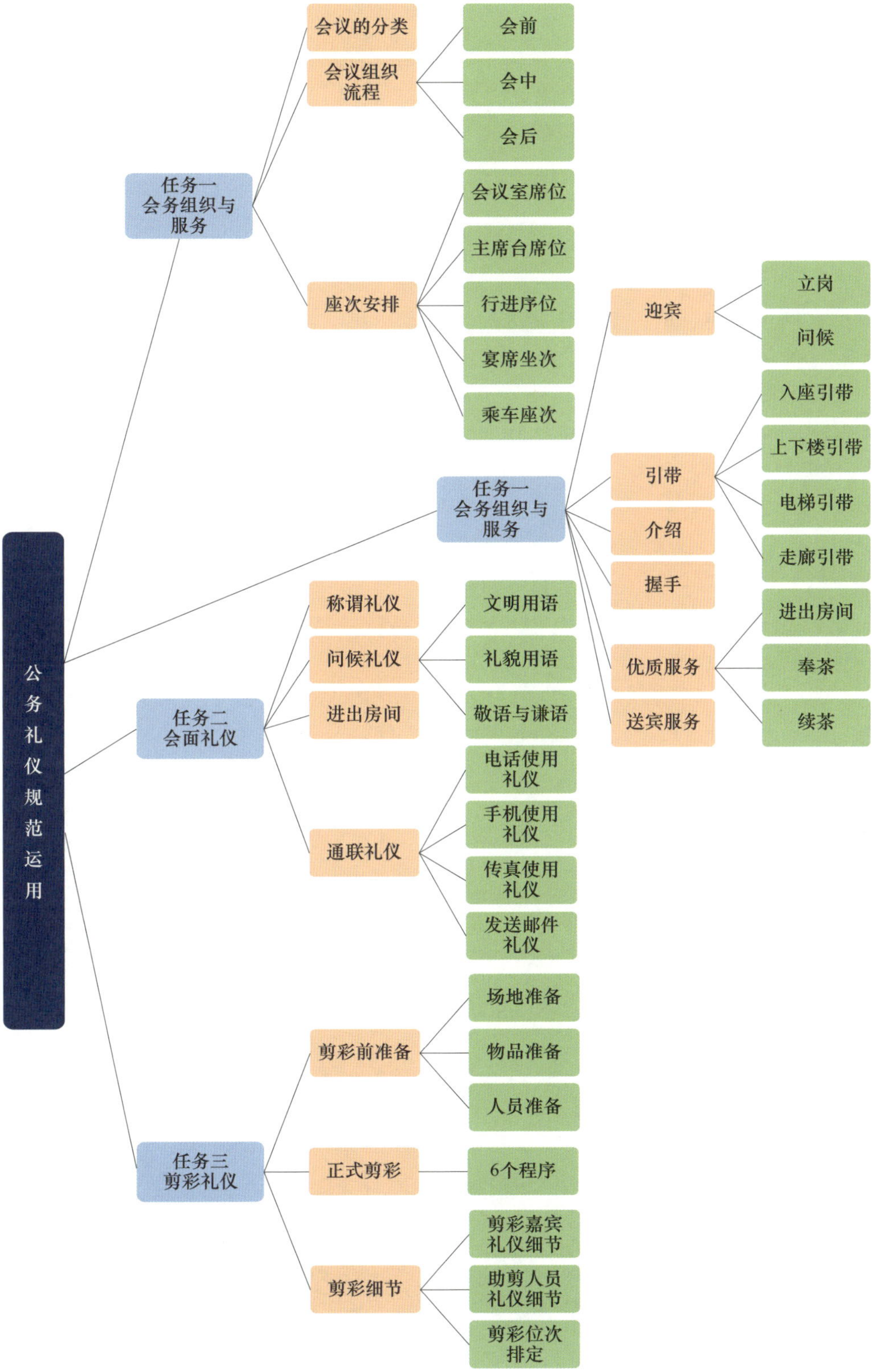

- 公务礼仪规范运用
  - 任务一 会务组织与服务
    - 会议的分类
    - 会议组织流程
      - 会前
      - 会中
      - 会后
    - 座次安排
      - 会议室席位
      - 主席台席位
      - 行进序位
      - 宴席坐次
      - 乘车座次
  - 任务一 会务组织与服务
    - 迎宾
      - 立岗
      - 问候
    - 引带
      - 入座引带
      - 上下楼引带
      - 电梯引带
      - 走廊引带
    - 介绍
    - 握手
    - 优质服务
      - 进出房间
      - 奉茶
      - 续茶
    - 送宾服务
  - 任务二 会面礼仪
    - 称谓礼仪
    - 问候礼仪
      - 文明用语
      - 礼貌用语
      - 敬语与谦语
    - 进出房间
    - 通联礼仪
      - 电话使用礼仪
      - 手机使用礼仪
      - 传真使用礼仪
      - 发送邮件礼仪
  - 任务三 剪彩礼仪
    - 剪彩前准备
      - 场地准备
      - 物品准备
      - 人员准备
    - 正式剪彩
      - 6个程序
    - 剪彩细节
      - 剪彩嘉宾礼仪细节
      - 助剪人员礼仪细节
      - 剪彩位次排定

思考与练习

一、判断题

1. 剪彩者位序的一般规则是：中间高于两侧，右侧高于左侧，距离中间站立者越远位次便越低，即主剪者应居于中央的位置。（　　）

2. 双排五座轿车上（专职司机驾车），其他的四个座位的座次，由主而次依次应为：副驾驶座、后排右座、后排中座、后排左座。（　　）

二、选择题

1. 剪彩者可以是一个人，也可以是几个人，但是一般不应多于（　　）人。

A. 5　　B. 4　　C. 3　　D. 6

2. 男女同行，要求是男士走在女士的（　　）侧。

A.左　　B. 右

3. 会议的准备工作包括（　　）。

A. 明确主题　　B. 明确分工　　C. 发放纪念品

D. 确定与会人数　　E. 确定会议规模

参 考 文 献

［1］熊卫平. 现代公关礼仪. 3 版. 北京：高等教育出版社，2011.
［2］艾米莉；博斯特. 会梁，译. Etiquette—你的礼仪价值百万. 北京：金城出版社，2012.
［3］陈威. 商务礼仪. 北京：对外经济贸易大学出版社，2009.
［4］孙金明，刘繁劳，王春凤. 商务礼仪实务. 2 版. 北京：人民邮电出版社，2016.
［5］蒋佩蓉，李佩仪. 佩蓉谈商务礼仪和沟通. 北京：中华工商联合出版社，2012.
［6］叶明. 商务礼仪基于国际视野. 北京：清华大学出版社，2015.
［7］金正昆. 接待礼仪. 北京：中国人民大学出版社，2009.
［8］纪亚飞. 服务礼仪标准培训. 北京：中国编织出版社，2012.
［9］覃安迪. 客户服务投诉管理与处理实训技巧. 北京：中国财富出版社，2015.
［10］现代礼仪规范编写组. 现代礼仪规范手册. 北京：中国致公出版社，2004.
［11］中国聋人协会. 中国手语. 修订版. 北京：华夏出版社，2003.
［12］刘艳春. 语言交际. 北京：中国经济出版社，2005.
［13］杨莉惠. 客户关系管理实训. 北京：中国劳动社会保障出版社，2006.